潘老的故事

——回忆河北工业大学名誉校长潘承孝教授

本书编写组

河北大学出版社
·保定·

PANLAO DE GUSHI

潘老的故事

出版人：耿金龙
责任编辑：习 毅
姚萌萌
装帧设计：张彦琪
责任校对：杜启昌
责任印制：靳云飞

图书在版编目（CIP）数据

潘老的故事 ：回忆河北工业大学名誉校长潘承孝教授 / 陈德第等编．-- 保定 ：河北大学出版社，2019.1(2019.11 重印）
ISBN 978-7-5666-1454-4

Ⅰ．①潘… Ⅱ．①陈… Ⅲ．①潘承孝－纪念文集 Ⅳ．① K825.46-53

中国版本图书馆 CIP 数据核字（2019）第 014142 号

出版发行：河北大学出版社
地址：河北省保定市七一东路 2666 号 邮编：071000
电话：0312-5073033 0312-5073029
邮箱：hbdxcbs818@163.com 网址：www.hbdxcbs.com
经 销：全国新华书店
印 刷：保定市北方胶印有限公司
幅面尺寸：148 mm × 210 mm
印 张：8.75
字 数：150 千字
版 次：2019 年 1 月第 1 版
印 次：2019 年 11 月第 2 次印刷
书 号：ISBN 978-7-5666-1454-4
定 价：28.00 元

前　言

今年是河北工业大学建校115周年，也是更名前的河北工学院恢复重建60周年。为了更好地庆祝我校历经百年风雨，铸就百年辉煌，特别是为了追忆和感念为我校发展建设呕心沥血、勤谨不怠做出巨大努力和贡献的潘老，我们编印了《潘老的故事》一书，作为献给校庆的礼物。

“潘老”，是我校广大师生员工对深深爱戴的名誉校长、知名教育家、汽车内燃机专家潘承孝教授的尊称。这个称谓十分亲切，它既说明潘老经历了三个世纪，高寿，又鲜明地体现师生对老人家学识、品德、人格堪称一代师表的赞美。

《潘老的故事》共收入62位离退休老同志、在职人员及校友撰写的64篇文章。这些文章都是大家与潘老接触、交往中难以忘怀的往事和动人的故事，也是大家与潘老的深厚情缘、师生情谊的真实写照，写的都是所经所历、发生在身边的真实之事。大到关系学校前途命运的重大决策，办学理念、重要举措、发展规划、师资队伍、人才培养、教风学风、唯贤是举、关爱师生等，小到生活点滴，一次偶遇、一次交谈、一句问候、一句鼓励、书信往来、论文指点、题词题字及一草一木的生活情趣等。

潘老1897年3月7日出生在江苏省吴县（今苏州市）。从青年时代起就怀着一腔热血，把自己融入到救国于危亡的洪流中。1912年，他来到北平汇文中学求学，在三年的求学生活中，接受了许多新思想，接触了许多新事物，把少年时代树立的“先天下之忧而忧，后天下之乐而乐”的抱负具体化为“工业救国”的宏图大志。1915年夏，中学尚未毕业，便凭借他的天资和勤奋考取了唐山工业专门学校（现西南交通大学前身），成为该校第一届机械系大学生，并于1921年暑假以机械系第一名的优异成绩毕业，获得学士学位，同时，免试直接取得了官费留学美国的资格。

1922年春，潘老放弃毕业时已安排好的青岛四方机车修配厂练习工程师的职位，怀着殷殷的报国之心，远渡重洋，到美国求学，在美国康乃尔大学学习机械动力学专业。一年后他又到美国著名的阿列斯-查尔默汽车工厂实习。1924年夏又到美国威斯康星大学研究院攻读硕士研究生学位，并于1925年7月毕业并获得硕士学位，而后又到工厂实习，取得工程师职称。

1927年2月，潘老学成回国，梦想着实现“工业救国”抱负。然而，当时正值中国时局动荡，军阀混战，经济停顿，民不聊生，“工业救国”根本不可实现。情急之下，他想到了教育，立誓要“为国储才”。不久，应邀到直隶公立工业专门学校（今河北工业大学前身）任教，从此，与高等教育事业和河北工业大学结下了不解之缘，开始了长达七十六年的教育生涯。

1927年夏，奉系军阀占领天津后，潘老再无法继续在直隶公立工业专门学校任教，于同年8月后，辗转沈阳、北平、陕西，先后在沈阳冯庸大学、东北大学工学院、北平大学工学院、西北临时大学工学院、城固西北工学院任教。他经历了“九一八”和“十四年抗战”。在战火纷飞的年代，他带领着一批爱国学生被迫流亡，走遍了大半个中国。1937年“七七事变”发生时，他正在北平大学任教。日本帝国主义铁蹄蹂躏了华北大地，“华北之大已经容不下一张平静的书桌”，北平大学被迫停课。当日寇强令学校复课时，潘老表示绝不做亡国奴，不为日寇服务，从而毅然离开北平，带领学生来到大西北偏僻山区（陕西汉中城固）继续办学。十多年间，他和学生一起过着极其艰苦、颠沛流离的单身生活。在此期间，他先后任西北工学院（现西北工业大学前身）教务长兼机械系教授、代理院长、院长。1948年9月，潘老离开西北工学院，返回天津，与家人团聚，并于同年10月受聘于国立北洋大学，任机械系教授。

1949年1月，天津解放。北洋大学成立校务委员会，潘老任校务委员会委员。1951年，新中国成立后，中央人民政府教育部决定，北洋大学与河北工学院合并，定名新的大学为天津大学，潘老任校务委员会副主任，主管教务。1958年，中共河北省委、河北省人民政府决定恢复重建河北工学院，任命时任天津大学教务长的潘老为院长。1962年7月16日，河北工学院与天津工学院（刚刚由天津机电学院、天津建筑工程学院、天津化工学院合并而成）正式合并，改称天津工学院，潘老继续担任院长。1971年11月，天津工学院恢复河北工学院校名。1979年12月8日，时年83岁的潘老实现了多年的夙愿，光荣地加入了中国共产党。1983年11月15日，河北省委报经中央批准，任命潘老为河北工学院名誉院长。1995年2月16日，原国家教委批准河北工学院更名为河北工业大学，潘老任河北工业大学名誉校长。

潘老一生热爱党，热爱祖国，忠诚党的教育事业，严于律己，廉洁奉公，是一位优秀的共产党员。同时，他也是中国民主促进会德高望重的老前辈和元老之一。自1951年加入中国民主促进会，历任天津市民进副主委、主委，河北省民进主委，民进中央委员、常委和民进中央参议委员会第一、第二届副主任委员。潘老历任第三、四、五、六届全国人大代表，全国政协第二届委员，天津市第一届和河北省第二至第八届人大代表、河北省第五、第六届人大常委会副主任，天津市第二届及河北省第二、第三届政协副主席，是一位忠于职守的著名的社会活动家。

潘老治学严谨，唯贤是举，甘为人梯，是我国内燃机和汽车工程教育的奠基人之一。他把毕生的精力奉献给了祖国的高等教育事业，培养出一大批国内外知名的专家、教授、博导、中国工程院院士、中国科学院院士，其中不少人担任了我国重点大学的校长以及中央、省、市有关领导职务。1997年，他被中国老教授协会授予“老教授科教兴国贡献奖”荣誉称号。潘老是一位桃李满天下的教授，是一位蜚声中外的教育家。

解放后，潘老五十多年如一日，勤奋耕耘，鞠躬尽瘁，呕心沥血，为新中国教育事业特别是河北工业大学的发展，做出了不可磨灭的贡献，建立了不朽的功勋。

潘老是我们学校的一面旗帜，是深受师生尊敬和爱戴的良师、长者、知音、益友、榜样。他朴实耿直、可亲可敬的长者风范，完美的人格力量，远见卓识的教育家的宽广胸怀，世纪学人的出色才华，一代师表的光辉形象，永远铭刻在几万名河北工大师生和二十余万名毕业的校友心中。

目　录

光耀教坛

敦品励学

光耀教坛

“培训”使我一生难忘

周华珍

1958年8月，河北省委、省政府批准重建河北工学院并任命冀广民为党委书记、潘承孝任院长。我是在1958年12月从石家庄地委调到工学院工作的。工学院刚复校时设机械系、电机系和化工系三个系，当时我任机械系、电机系联合党总支副书记。

1959年初开学后的一天，党委书记冀广民通知我，潘院长召开座谈会，参加人员为各系党政领导和各系机关工作人员。届时，我前去参加座谈会。到会的除各系领导杨学涵、王董豪、佟明达教授外，还有张凤英（院党委组织部长）、邢政（化工系党总支书记）、陈惠民（电机系副主任）、晓峰（化工系副主任）等同志，以及各系机关工作人员近20人。

座谈会由潘承孝院长主持，他说：“今天这个座谈会是给你们介绍学院和各系的简要情况，你们绝大多数是刚踏上新的工作岗位，你们不要认为换了工作岗位，什么都不熟悉，什么都干不了。情况不是这样的。调换了工作岗位，工作不熟悉可以边工作、边学习、边熟悉，由知道不多到知道多多，从外行到内行，只要努力，就可以成功。我相信你们是党的好干部，年纪又轻，定会成功的。今天这个座谈会是请各系领导介绍情况，听听大家的意见和想法。今后计划在近三个月的时间内，每周一次(半天)这样的例会，进行培训，互通情况，使大家尽快熟悉工作。”通过这次会议使我有了底气，增强了工作的信心。这是我第一次近距离和潘老接触，当时感到潘老作为知名教育家、一级教授，却如此朴实、谦逊、平易近人，使我们这些初进入教育战线的新兵感到无比的温暖和亲切。

紧接着，就开始为期三个月每周一次的培训。分别由机械系、电机系和化工系按序开讲。机械系由杨学涵教授讲解，电机系由王董豪教授(后因王老年龄偏高改由郑恩德教授)讲解，化工系由佟明达教授讲解。他们都从各系的设置缘由开始讲起，然后介绍了各系的专业设置、培养目标和特点、课程设置及所起作用、实验室及实习内容、教师和学生状况，等等。讲解非常详细具体，我们像个小学生一样，边听边记，有不懂不清楚的地方，还随时提问或者简单的讨论。培训的气氛严肃、认真、亲切、和谐。大家都愿意上这个培训课，从不缺席、迟到、早退。

培训还专门请工厂的领导给我们讲学院附属工厂的情况，除详细介绍工厂的车、钳、刨、铣、磨、铸、锻、焊各工种设备、性能特点和作用外，还特别强调工科院校培养的学生不仅要有书本理论知识，还应有动手的能力，学院的附属工厂对工科院校就应该起这样的作用，培养的学生才会为社会所欢迎，我们的学院从复建开始就重视工学并举。

经过这几个月的培训，我深深感到，潘承孝院长当初以培训学习带新人的这个决策，颇有远见，它对我们这些文化水平不高，初踏上教育战线的同志来说是启蒙教育，也为我们今后的学习和工作打下了初步的基础，增强了做好工作的信心，从某种意义上说是受用终生。

（周华珍：原院党委副书记，后调天津理工学院党委副书记，1991年离休。）

潘老与河北工学院重建

杨国琛

1958年8月，我从北京大学物理系毕业，来到刚刚重建的河北工学院。报到地址是丁字沽的汽车拖拉机学校，史辉副院长给我们开了一个欢迎会。以后才知道工学院刚刚成立。潘承孝教授受命担任河北工学院的院长，率佟明达、王董豪、杨学涵（他们任系主任）等少数几位教授重建河北工学院。从院到系、部、处，到基层，整个组织机构都还没有完整建立。师资也刚刚陆续到来，大都是一些重点大学新毕业大学生。这时学校已经招好学生，新生马上要上课。学院暂时设三个系，机械系、电机系借用天津大学的教室上课；化工系在河北区元纬路原河北工学院旧址上课。我是学物理的，却临时被派到化工系任数学教师，从南开大学请来徐中继老师主讲高等数学，我负责石油专业3个班高等数学的辅导。也没有人告诉应当怎样辅导，只是在主讲老师讲完后，找自习时间到教室按重点跟学生再讲一遍，然后讲做习题。把课本上的习题和天津大学编的高等数学习题集中的习题都拿来，让学生做。做不出来，我再讲。当时能开出来的课不多，数学课成为主课。

当时正是“大跃进”年代。全国闻名的鸿顺里人民公社就在周围，它借用学校一个房间作为人民公社的接待室。可是我们教学却没有受到影响，还按规定进行，1958年的“大炼钢铁”也没有叫我们参加。

一年后，我回到物理教研室。这时化工系和机械、电机系都迁回了丁字沽校区。后来我知道潘老只带来极少数有大学教学经验的教师，其余都是大学应届毕业生。好在“大跃进”给河北工学院输送了大量的重点大学的毕业生，如清华大学、北京大学、天津大学、南开大学、哈尔滨工业大学、上海交通大学等校的毕业生。

潘老是教育家，当时遇到的状况，与他年轻时在国内上大学和美国康奈尔大学念研究生不同，那时他是学生，老师都配好了。也和抗战期间他主持西北工学院不同，还和经过院系调整后主持天津大学教务工作不同。那时教师来自各个高校，教师队伍大体是完整的。现在几乎是从零开始，建立起一个几百人甚至上千人的大学教师队伍，要把这批青年教师培养成为合格的大学教师任务十分艰巨。

潘老一再鼓励青年教师钻研专业知识，开展学术研究，提高教学水平。还开了几次会，请一些老教师如陈家征教授等给我们作报告。在他的要求下，学校给青年教师提供了一个宽松的进修和提高的环境。当时全国各大学都在批判“白专道路”，全国开展“大跃进”、人民公社运动，到处在大炼钢铁，学校能这样做是很不容易的。

1962年四个院校合并成一个，改为天津工学院（后来又恢复称河北工学院），潘承孝继续任院长。合并后基础课教师成倍超员，而专业课教师又严重不足，于是对教师队伍做了大调整，调走不少教师，进来不少新教师，师资队伍基本配齐。

经过几年实践，潘老认为教学中产生的问题，源于教师本身对所从事的学科的基本内容不够精通，基本实验技术不够熟练，基本运算和制图能力训练不足。于是，提倡对青年教师加强三基训练，并亲自培训青年教师的物理实验技术，要求有严谨的科学态度，严密的观察和测量，严肃的数据整理。后来我听河北师大的一位老教授说，潘老年青时，在北洋大学任教，他教制图，也是以严格出名的。

潘老重视科学研究，他是国内少有的内燃机专家，亲自参与科研项目，根据当时国情，在研究一种新的发动机。他对科学研究需要什么条件，应当怎么评价等等是清楚的。他大力提倡青年教师开展科学研究，为他们创造科研条件。基础研究必需订阅各种科技期刊，特别是国外期刊，当时国内可订影印版的世界各国重要的科技期刊。在潘老的批准下，河北工学院图书馆内的物理领域的期刊十分完整，国际上几乎所有知名刊物都可找到，当然其他学科的期刊也十分完整。这为科学研究提供了良好条件。潘老也十分重视实验设备先进仪器的装备。20世纪80年代初，河北工学院是河北省最早装备计算机系统的高校之一。一大批青年教师通过教学、科研的锻炼，成了河北工学院师资队伍的骨干，潘老功不可没，广大教师都很尊重他，怀念他。

（杨国琛：原基础课部主任、教授，2005年退休。）

忆潘老（往事三则）

李其正

深受河北工学院学子尊敬和爱戴的潘承孝院长（潘老）离开我们已十五年了，但对潘老为恢复重建河工及其后来的发展所付出心血的记忆，始终萦绕在我的脑海中，久久挥之不去……

恢复重建河工时期的潘老

1958年，在党的建设社会主义总路线的指引下，为了尽快改变我国“一穷二白”的落后面貌，全国人民以只争朝夕的革命精神，掀起了“大跃进”的热潮。在教育领域，党中央、国务院提出，将以十五年左右的时间来普及高等教育，强调教育要为无产阶级政治服务，教育与生产劳动相结合；在办学方向上，学校办工厂和农场，工厂和农场办学校。正是在这一历史背景下，1958年夏，中共河北省委、省政府决定恢复重建河北工学院，并由省机械工业厅负责组织筹建。

1958年8月初，我从解放军部队转业来到设在天津大学九号楼三楼的河北工学院筹建处。那时筹建处的工作人员不足二十人，除党委书记和一名副院长外，主抓教学筹备工作的，是由已被省政府委任的院长潘承孝和三位系主任。校舍、教师和实验室都没有着落。而省政府要求在1958年9—10月份正式开学上课。学院的恢复重建工作，面临时间紧困难多的局面。

当年已是六十开外的潘老与学院其他负责人一起，直面困难挑起了这副重担，潘老带领三位系主任担起了专业设置、组织招生、筹借校舍和聘借教师的任务。我作为院长办公室秘书，多次参加了由潘老主持召开的专业会议。印象比较深的有三次：一次是研究学科专业设置，一次是研究聘借起步阶段的授课教师，一次是研究招生方案。通过几次会议，研究提出了切实可行的方案，经省政府同意后，在上级的领导下，在天大、南大的全力支持下，潘老和学校其他领导同志一起，率领大家冒着酷暑，日夜辛劳，做了大量的协调和落实工作，从而实现了省政府要求的筹建目标，三个系在当年10月份先后开学上课。机械系、电机系是借天大校舍，化工系是在河北区原河北工学院校址，分别开学上课。从恢复重建河工之初的亲历，潘老呕心沥血，专注务实的精神，给我留下了深刻印象。

后经省政府决定，将原第一机械工业部下放给河北省的天津机械工业学校划归河北工学院，使学院终于有了一个比较稳定的办学环境。

积极创造条件开展科研工作

学校恢复重建工作初步稳定下来，在可以正常进行教学的情况下，潘老以他多年从事高等教育的实践经验，从培养提高教师的学术水平和教学质量出发，主张在保证完成教学任务的前提下，积极创造条件开展科研工作。他的这个主张得到了学院党委的支持。但是，一些教职员工中也有不同的反应，认为现有的教师队伍以刚从高校毕业的青年教师为主，完成教学任务都很吃力，哪还有余力从事科研工作。面对认识不一的局面，潘老和学院党政领导从学院的建设发展出发，积极创造条件开展科研工作的决心没有改变。加之在当年全国兴起的如火如荼的群众性技术革新、技术革命运动的影响和推动，学院因势利导，提出面向工农业生产建设，把解决工农业生产建设中的科学技术问题放在首位，并兼顾有条件的基础学科的研究，作为起步阶段的科研工作的指导思想；在组织上，院系两级设立科研秘书，1961年初又设立了由院长直接领导的科学研究科，负责全院的科研组织协调和服务保障工作。

实践证明，以潘老为代表的学院领导的决策是正确的。在短短几年中，不仅取得了一批有影响的科研成果，为工农业生产发展做出一定贡献，并且从科研实践中涌现出了一批学术上的尖子人才，对促进全院教师学术水平的提高，扩大学院在社会上的影响力，都产生了积极的作用。在这批成果中，比较突出的有两项，一是中型积木式机床，二是压电陶瓷电容器。前者是典型的“三结合”产物，由机械系机床教研室齐寿泉老师带领一批学生和学院附属机床厂李华棣、叶尔赍、唐承业等技术骨干，一批高级工人技师联合研究，并由机床厂设计制造的。积木式机床是“大跃进”年代我国机械制造引进广大技术人员、工人的一大创造，以“蚂蚁啃骨头”的方式，解决了我国当时加工大型机械零部件缺少重型机床的矛盾。曾在国内外引起很大反响的我国成功设计制造出的12 000吨水压机的一些大型部件，就是用这种加工方式制造出来的。我院在这一创新成果的基础上，按照标准化、通用化、系列化的原则，于1959年研发设计试制了全国第一组含车、铣、镗、刨、钻等多功能的“中型积木式机床”。随后，又根据农业机械化发展的需要，解决农机修配中机床缺口大的问题，研发设计了“跨类通用农机修配多功能机床”。这一系列成果，受到国家一机部和省、市领导的重视，召开现场会予以推广，并被推荐参加了1960年在北京举办的全国机床展览会。1961年，我院还与河北省、天津市机械工程学会联合举办了“机床发展规律学术讨论会”，以我院该课题成员为主，发表了两篇学术论文。随后，《天津日报》全文登载了这两篇论文。由于我院在机床的这一领域富有成效的研发工作，得到了国家主管部门的认可和扶植，并把这一课题正式纳入了我国机床技术开发研究的规划中。

20世纪50年代，半导体技术、半导体材料发展十分迅速，我国许多高校和科研院所在此领域开展了大量的研发工作。压电陶瓷电容器便是其中一个子项。时任化工系主任的佟明达教授是该领域一名专家，也是当年中国硅酸盐学会的理事。他在主持化工系各专业、各学科建设和教学工作的同时，积极筹建硅酸盐材料实验室，开展了压电陶瓷电容器的开发研究，并很快取得成果。1959年冬，党中央在天津召开工作会议，天津市科委在干部俱乐部组织了一个小型科技成果展览会，供与会领导同志参观。当邓小平同志看到我院送展的压电陶瓷电容器样品时，称赞道："一所刚恢复重建的新院校，能做出这样的科研成果，很不简单！"

特别要指出的是，我院科研工作坚持为工农业生产建设服务的方向，坚持到生产建设一线调查研究，对获得的选题进行开发设计研究，然后再到生产一线推广应用"一条龙"服务的工作方法，取得了比较好的效果，受到了生产单位的欢迎。《河北日报》曾就此在头版进行报道，并以"为生产服务到底"为题刊发了编后短评。坚持为工农业生产服务的方向，也得到了社会的回报。到1964年我院从国家有关部委和省、市科委争取到的科研经费达一百余万元，相当于当年全院预算经费的三分之一。用这些经费有计划地充实了机床、农用动力机械、农机材料、硅酸盐材料、石油裂解催化剂等一批重点实验室的建设，为我院教学科研工作的长远发展创造了条件。

随着我院科研工作的拓展，1963年，成立了以潘老为首的学术委员会，并试刊发行了两期《学报》。邹仁鋆关于"石油烃催化裂化的研究"，刘文关于"概率论和实分析的研究"的处女作，就是在试刊的《学报》上发表的。

山不在高，有仙则名

1965年夏的一天，我院收到了来自江苏省镇江市“全国农用动力机械技术研讨会”秘书处的一封加急电报，邀请潘老为特邀代表与会。这次研讨会是我国第八机械工业部（农机部）举办的，学院领导安排我陪同潘老前往出席这次会议。

潘老的与会，受到会议组织方和与会专家的热烈欢迎。八机部的有关负责人专门听取了潘老关于发展我国农用动力机械的意见。与会专家大部分都是潘老的晚辈或学生，都希望聆听到他在该领域的见解和主张。在这次研讨会上，潘老先是让我将我院进行的关于我国农用动力机械的现状调查，以及研发设计试制的农用动力机械的情况向与会代表作了汇报。然后他就我国农用动力机械的发展发表了意见，特别是根据我国当时农村的实际和农用动力机械技术发展趋势，提出的“小马力、结构简、重量轻、油耗低、运行稳、操作易、便维修”的设计理念，得到与会专家的赞许和肯定。通过这次技术研讨会的交流，使我院在这一领域的科研课题，顺利地被列入八机部的农用动力机械技术装备研发规划中，得到了国家在经费和物质上的支持。

通过这次陪同潘老参会，使我深深感悟到“山不在高，有仙则名”的道理。一所新恢复重建的高校，在学术影响上虽然不及老牌高校和名校，但只要在某个学术领域内有“仙”，又有在这个学术领域做出成果的科研课题，它在该学术领域的知名度和影响力，同样是会得到社会和国家的认可的。

（李其正：原天津工学院科研科副科长，1971年调天津市，曾任天津机电设备招标局局长，1997年离休。）

一语中的

张金锁

回忆六十年前潘老在一次座谈会上的讲话。

1958年全国掀起了轰轰烈烈的“大跃进”，三年超英五年赶美的豪言壮语响遍全国，我上学的天津大学同样卷进了这个浪潮。

大约是1958年的早春，天津大学党委召开了一个层次很高、规模很大的座谈会，话题是如何赶超清华。

参加座谈会的有各系的主任、名教授和团委、工会、学生会的代表，人很多，把第九教学楼的会议室挤得满满的。会议由党委副书记崔希默主持，座谈的主题是：天大能否用三五年时间全面赶上清华，如何赶超？会上群情激昂，发言热烈，主流意见是天大要在三年内全面赶上清华。会议已形成共识，但校长张国藩和时任天大教务长的潘承孝未出席，不知他们的意见如何？于是，崔希默提议把张校长和潘教务长请来，听听他们的意见。崔希默离开会场去请，回来告诉大家张校长不在校，潘老一会儿就来。不一会儿潘老来了，坐定后，崔希默请潘老发表意见。座谈会一下子安静下来，静静地等潘老讲话。

潘老说话很轻，很慢，是南方口音，由于时间太久了，原话记不准了，但主题意思是记得的。

潘老在讲话中没有具体讲天大与清华相比存在哪些差距，只是说，一个学校的学科建设、教学质量、科研能力、师资水平及学校在社会上影响力，是经过多年积累形成的，要提高一个档次很不容易，三五年时间是很难有突破性进展的。最后，潘老问大家："我们努力难道清华不努力吗?"

潘老讲完话，会场好一阵安静，没有一点声响。

崔希默副书记站起来环顾四周，慢慢地说："咱们还是虚心向清华学习吧。"

潘老实事求是、严谨治学的态度给我留下了深刻的印象。

（张金锁：原管理学院教授，1998年退休。）

忆潘老和他创建的河北工学院内燃机专业

井叶之

我于1960年毕业于天津大学内燃机专业，经国家统一分配到河北工学院任教。10月14日，我与同班同学黄玉璆一起到学校报到，人事处刘可琴接了我们上交的报到证和材料后告诉我们，潘院长让我们马上到他办公室去一趟。

潘老是我们专业的前辈，我们是刚毕业的学生，见了他不免有些紧张和惊奇。潘老告诉我们，学院设有内燃机专业，1958年已开始招生，学生已经上了基础课和技术基础课，很快要接触专业，要上专业课和进行专业实习。去年分配到学校的两位专业课老师，一位是清华毕业的庄人望，一位是留苏归来的李树德，他们现在去天津大学进修，下学期分别讲内燃机动力学和内燃机原理。你们俩要尽快把内燃机专业的教学计划做出来，同时要抓紧时间备课。黄玉璆准备内燃机设计课，我准备内燃机实验课和燃气轮机增压器课。

简洁的谈话、具体任务的交代，使我们从上班的第一天起便迅速地完成了人生角色的转换，从一个天真无忧的青年学生快速转变为负责并勇于担当的教师。

潘老对内燃机专业如此重视，对我们如此信任，时间又那么紧迫，促使我们不能有丝毫的懈怠。按照潘老的指示，抓紧时间收集查阅了天津大学、清华大学相关专业的教学大纲、计划，结合我院的实际情况把我院内燃机专业的教学大纲及计划作了出来。在这一工作的进行中，印象最深的是，我们确定的培养目标是有别于全国一些重点大学的，他们的目标是培养内燃机方面的设计人才，而我们要考虑地方的需要，确定方向是设计与制造并重，这样，学生毕业后适应性会更强一些。重点院校学制为五年，我们当时是四年，因此在课程设置上做了适当的增减。例如，撤销了燃气轮机等课程，根据当时的形势要求加开了煤气发生炉课程。

1962年河北工学院与天津机电、化工、城建学院合并后，学制改为五年。河北工学院与机电学院内燃机专业合并，在潘老的直接关怀下，内燃机教研室迅速建立起高水平的教师和实验员队伍，建造了可以承担教学、科研任务的实验室。

我们的教师，有来自清华、上海交大、西安交大、天津大学各名校的毕业生，还有留美、留法、留苏的归国人员，还有曾在工厂从事实际技术工作多年的人员。我们的实验员都去名校进修过，具有一定的理论基础与实践能力。这些老师和实验员与全国相关的研究所始终有着密切的联系。例如天津内燃机所、上海内燃机所、长春汽车研究所等，以及相关高校，天津大学、清华大学、上海交大、西安交大、吉林工大等，为工作提供了很多便利。

建校以来，由于潘老的影响力，我校参加了几乎所有的内燃机专业教材讨论会议，与各高校进行交流，教学水平迅速提高。由于潘老的影响力，教研室都在不同阶段申请到一些科研项目，开展了科研方面的工作。

内燃机专业的老师们，在科研调查及学生的认识实习、生产实习、毕业实习设计中带领学生走遍了我国著名的相关工厂。例如，长春第一汽车厂、上海汽车发动机厂、无锡动力机厂、南京汽车发动机厂、北京汽车发动机厂、天津汽车发动机厂、内燃机厂、动力机厂及相关配件厂等。并与河北省各地的相关工厂也建立了联系。例如，石家庄、保定、邢台、秦皇岛、唐山、张家口等各地区也都留下了我们的足迹。我们的老师还为学生争取到每年参观国家内燃机重点实验室的机会，以了解国家在内燃机方面的发展情况和最新科研成果。内燃机专业的毕业设计多数是在相关工厂中进行的，结合工厂的生产实际和任务确定设计题目，这样既深受工厂的欢迎，又培养了学生的实践能力。

从1962年开始，我院内燃机毕业生开始分配到全国各地，受到了各地的欢迎。北京、天津、无锡、南昌、潍坊、湖北、河北等省市均有我院内燃机专业的毕业生。后来不断传来消息，他们在各自岗位上，对国家内燃机事业的发展做出了可喜的贡献。河北工学院内燃机专业的毕业生，都会自豪地说，我毕业的学校，校长是潘承孝教授。

（井叶之：原动力系副教授，1994年退休。）

从细微处看潘老

余仁荣

（一）

我与潘老第一次见面是在一个大会上，那是1958年我校恢复重建后的一天。当潘老知道我要做学生工作时，对我说："做学生工作，要热爱学校，要热爱学生，各方面给学生做榜样，要热爱劳动。"

我校恢复重建后当年就进行招生，潘老安排我和另一位老师深入到中学做招生工作，招生工作的时间是一周到十天。那时候河北工学院刚刚复校重建，招生的介绍材料还没有，后来我打电话问潘老，潘老说："你应该把咱们学校的情况向你们招生所在的中学写一个申请报告，希望能配合咱们召开一次家长会，详细向他们介绍一下学校情况，然后有什么事我们再联系。"后来，我向这所中学报告了相关情况，希望学校能把家长请来，跟他们介绍一下我们学校的情况。在家长会上，我们向大家介绍了我校的情况，报名的人就多了起来，潘老也感到十分高兴。

（二）

潘老常常在闲暇时间去校办工厂车间看看，当时是一个星期天，我们在工厂办公室讨论学生实习工作，潘老看到我们实验室灯没关，以为我们忘记关灯，他就来到了实验室。结果，潘老看到我们在里边，他就说："你们怎么还在这儿呢？"一个老师说："我们在商量下周学生的实习工作。"潘老说："你们辛苦了，星期天还要加班。"潘老又说："学生到工厂来，首先要保证安全；第二，家长送学生到咱们学校是对老师的信任；第三，通过实习，学会理论联系实际，要实事求是。"潘老还告诉我们，老师要热爱学生，学生也要尊重老师，对自己各方面要严格要求，身教重于言教。

（三）

潘老很关心学校的校园建设，我在总务处工作时，他总会在空闲时间带我去校园各处转转。他说："树的种类要多，草要绿，管理也要跟上。"记得学校有个转弯处种了几棵大树，因为位置对交通有些碍事所以给挪走了，潘老发现后问我树哪里去了。我说因为这树有些碍事，给挪走了。潘老说："挪走可以，砍掉不行。"潘老就是这么细心。潘老还说："咱们学校的树种类太少，看看能不能多种些其他种类的树木，比如可以种一些龙爪槐。"当时这种树较稀少，我就去天津的植物园看了一下，发现那里没有。回来向潘老汇报后潘老让我去北京植物园再看看有没有。后来我去北京植物园看了，发现他们那儿有此树种，就买了回来，美化了校园环境。

（余仁荣：原总务处党总支书记、高级政工师，1995年退休。）

潘老的远见卓识

郑祚馨

作为教育家，潘老非常远见卓识，尤其是在学校的学科建设上时刻关注国际最新科技发展，在指导工程技术类学科建设的同时也重视基础学科的建设。20世纪60年代，随着电子计算机的发展与普及，各科技领域的数值方法的研究与应用蓬勃发展，其中有限元素法可谓之异军突起。1975年潘老获知有限元方法中的杂交元方法的创始人卞学璜教授回国讲学，他随即邀请卞教授来我校座谈。卞教授来津时，潘老不顾年迈亲自到车站迎接，并组织力学、数学教研室及机械工程系等有关教师参加。卞教授在会上介绍了有限元素法的发展以及当前在国外的研究与应用状况、存在的问题和发展方向，并回答了与会者提出的问题。

这次座谈，我们很受益，它有力地促进了我校对这一新兴的数值计算方法的学习、应用与研究。这件事虽

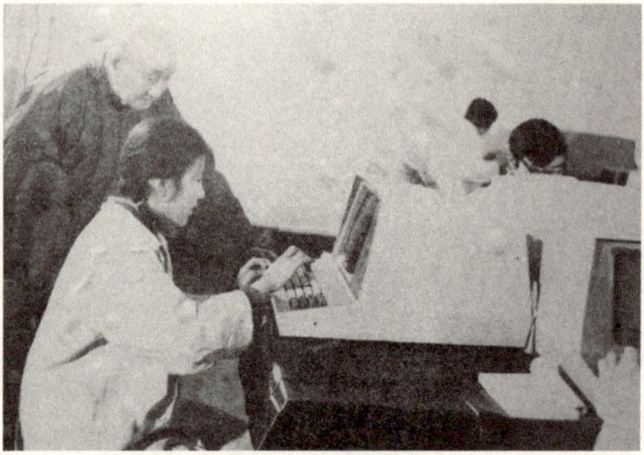

关心计算中心建设

然过去很多年了，但每当想起来，都无不佩服潘老的远见卓识。

（郑祚馨：原动力系教授，1996年退休。）

潘老感人的故事多

陈德第

毕业留校后我一直在校机关工作，因而和潘老接触较多。多年来，潘老给予我的深深教诲，使我不断受到潘老严谨治学精神、师表风范的感染和美好人格力量的鼓舞。特别是基于工作的需要，我对潘老的往事今生，一举一动，一言一行，一事一情，都格外留意，牢牢记在脑子里，并不时写在笔下，还曾在多家报刊介绍过潘老的事迹。

潘老感人的故事很多，这里略举几例。

一、潘老与工大三个重要时间节点

潘老一生在高教战线度过76个春秋。尽管他曾先后执教、掌校直隶公立工业专门学校、沈阳冯庸大学、东北大学工学院、北平大学工学院、西北工学院和北洋大学等多所大学，但他的大半生是在河北工业大学度过的。1958年，学校恢复重建，他受命担起了河北工学院院长的重担，从此，他把自己的全部心血倾注在学校的发展建设上。

纵观潘老与河北工大的情缘，在三个重要时间节点上，他都与河北工大命运息息相关。

第一个时间节点是1927年春。这时正是河北工业大学前身直隶公立工业专门学校快速发展、即将升为河北省立工业学校前夕和魏元光校长广纳人才之际，也是潘老美国留学归来踌躇满志之时。

潘老1922年初作为官费留学美国的留学生，先后在康乃尔大学和威斯康星大学学习机械动力学本科专业及硕士研究生的学习，在学期间曾到阿列斯-查尔默汽车工厂做工、实习，取得了硕士学位和工程师职称。潘老选择工科专业，是因为他认为国家所以落后挨打，在于没有工厂，制造不了枪炮，所以立誓“工业救国”。1927年初学成归来，本以为可以实现自己的抱负，然而当时正值军阀混战，“工业救国”的誓愿根本不能实现。但他不甘虚度年华，决计另谋打算，于是想到了从教，要“为国储才”。就这样他首先应聘到河北工大的前身直隶公立工业专门学校，从此与河北工大和教育事业结下了不解之缘。也正是这次机会，后来成就了一位知名的工程教育家。

第二个时间节点是1958年8月。同年6月，河北省根据发展需要，决定恢复重建河北工学院。经过精心谋划准备，8月正式建成。省委任命时任天津大学教务长的潘老为院长，并于当年招收新生755人。从此，潘老的命运就和河北工学院紧紧连在了一起。

潘老在掌校河北工学院期间，凭借多年从事工程大学教育的经验，主张理工结合，德智双修，加强学生基础理论教学和实践能力的培养，倡导“三基”（基础理论、基本知识、基本技能）一体化教育，强调师生都要掌握一门外语知识。他曾形象地比喻说：“基础，好比种庄稼，底肥不厚，庄稼长不壮；又好比盖楼，地基不牢，楼房盖不高。”与此同时，重视学校的“三风”建设，强调学校要有好的校风，学生要有好的学风，工作人员要有好的作风。正因此，河北工学院以其鲜明的特色屹立在津门。

第三个时间节点是1978年4月。这时正是河北省决定河北工学院5月全面向邯郸搬迁之际。恰好这时，全国教育工作会议在北京召开。邓小平同志复出后，主抓教育工作，强调全社会都要尊师重教。借此之机，潘老出于对河北工学院的关心爱护，给邓小平同志写信，述说理工科大学搬迁损失太大，不利学校的稳定和发展。此信，4月15日在《来信摘要》上刊出了信的主要内容和小平同志作出的批示："请教育部与河北省委联系，了解情况。一般来说，搬迁要慎重，弄不好，要耽误几年时间。"河北省委根据邓小平同志指示，经研究决定，河北工学院继续在天津办学。从此，河北工学院不再搬迁。邓小平同志的重要批示给广大师生以极大的温暖和鼓舞，为河北工大今日的辉煌奠定了坚实的基础。

潘老对邓小平同志在百忙之中关注自己的来信、重视教育十分感激，把此作为奉献自己全部力量的强大动力，并永远感念邓小平同志。1997年2月17日邓小平不幸逝世，噩耗传来，潘老一时难以承受，突发脑溢血，从此一病不起。

二、潘老八十三岁光荣入党

1979年12月8日，年届八十三岁的潘老光荣地加入了中国共产党，实现了他多年的夙愿。

熬过长夜的人，最知光明的宝贵；经历过寒冬的人，最知太阳的温暖。潘老经历过新旧两个社会，两种社会两重天，他有深切的体会。亲眼看到旧社会劳苦人民受剥削受压迫，缺吃少穿，饥寒交迫，流离失所，每天挣扎在死亡线上。是中国共产党领导中国人民推翻了压在人民头上的三座大山，建立了新中国，从此人民翻身解放，当家做了主人。由此，他由衷地热爱共产党，并开始了决心加入共产党的坚定追求。多年来不管风云如何变幻，他始终初心不改，坚定不移，终于伴随改革开放的春风，实现了自己的愿望。

1979年12月8日下午，河北工学院在行政楼211合班教室举行潘老入党仪式，院党委和各系党总支负责同志、党员及要求入党的积极分子、中老年知识分子代表近200人出席。会上宣布了党委批准潘老加入中国共产党的决定，到会人员以热烈的掌声向潘老表示祝贺。在热烈的气氛中，八十三岁的潘老走向主席台，肃立在鲜红的党旗下，向党庄严宣誓。老人家庄重地举起右手，眼含热泪，声音颤抖着一字一句地倾吐肺腑之言。他决心把自己的晚年全部献给党，献给共产主义事业，为实现四个现代化，建造祖国科学大厦添砖加瓦。最后，河北省革委会副主任、河北工学院党委书记杨远讲话，他号召大家都要通过潘老入党这件事受到一次教育，坚定理想信念，加强团结，坚持党性，一心一意搞“四化”。并希望广大党外教师都要向潘老学习，在党的领导下努力工作，争取早日加入无产阶级先锋队组织。

潘老光荣入党的喜讯，在校内外产生了广泛影响，当我把这一新闻在《光明日报》上进行报道后，立即收到他早年的学生天津理工学院一位教授写给《光明日报》的信，表达她对老师光荣入党的喜悦之情，并深情地赞颂潘老治学严谨，讲课旁征博引，妙趣横生，就像讲故事一样，非常生动。特别是上潘老的机械制图课，要求非常严格，有谁在图纸上把线段稍稍画长一点点，立即严肃地给你指出来，并告诉同学，在图纸上你画的线哪怕稍长一点点，工人师傅按图纸加工，就会出废品，这绝对是大忌。嘱咐大家一定要严肃认真，一开始就要养成一丝不苟的精神，这才是作为工程技术人员应有的品格。

三、潘老寄语中学生

潘老作为教育家，时刻关心我国教育事业的发展，尽管他长期工作在大学，从事高等教育，但对我国的基础教育也很挂心。

20世纪80年代初期，我国以经济建设为中心，在全社会形成了尊重知识，尊重人才的良好局面。特别是在大力发展经济过程中，科学技术显示出强大的威力。因此，恢复高考制度后，报考理工科成了中学生的首选。基于此，部分中学生也出现了重理轻文的倾向，甚至有的报考理工科的学生对学习语文也不太重视。面对这种情况，潘老深感不安，于是，1982年他专门在《河北青年》上发表文章，向广大中学生寄语，告诫大家不要重理轻文，特别是对语文学习不可轻视放松。他语重心长地告诉大家："语文是学好各门功课的工具，是基础的基础。无论是学习政治、历史、地理，还是学习数学、物理、化学、生物等，没有语文基础是不行的。"指出高考时语文考试一般都安排在第一场，如果平时不重视语文学习，从而考试不理想，势必影响其他科的考试，影响整个高考成绩。

他还就学生考上理工科大学后，学习语文的重要性讲了自己的看法。他说，学理工的人，如果语文基础不好，很难正确理解科学技术知识和完整准确地表达科学成果。并结合具体事例证明，学好语文对从事理工的人终生受益。语文基础好，会对逻辑思维、认识能力、文化修养的提高都有帮助。语文底子厚实，文字功底、表达口才必然要好，就会在著书立说、学术研究、演讲报告等方面显示出语言丰富流畅，文字精美，表达准确，逻辑性强的优势。为此，他还比较早地倡导在大学开设大学语文课。

四、潘老活到老学到老

作为学人，潘老一生与书为伴，爱书、读书，视书如命。

读书，是潘老每天生活的第一需要，不论是青年时代还是暮年时期，也不论是当校长还是任教师，终日在书海里遨游。即使是在战争年代，动乱时期，也从不间断，尤其是晚年，手不释卷，读书不止。

1980年，河北省政协四届二次会议在石家庄召开，他是挟着一本美国《麻省理工学院教学计划及教学大纲》报的到。美国麻省理工学院是世界知名的理工科大学，有着悠久的历史，鲜明的办学特色，潘老是想利用会议间隙学习研究一下，看看人家的办学规模，课程设置、安排，培养目标等，从中找出值得我们办学借鉴的东西。科技在发展，知识在更新，必须赶上时代前进的步伐。为此，年届九十，潘老还学起了《电子学》，以期获得新的知识信息，把握科技发展方向。1990年“东欧剧变”后，在10月末的一天，老人家轻轻叩开宣传部的门，提出要宣传部帮他选点马列著作，自己好好学一学。当宣传部的同志把正在组织全校中层以上干部学习的《关于社会主义若干问题学习纲要》一书递给他

潘老活到老学到老

时，老人家深情地说：“苏联东欧形势的变化，证明必须坚持社会主义道路，坚定社会主义信念。”1993年，在他生日时，收到他早年弟子美国波士顿大学机械系主任陈明茂教授赠送的一本最新专著*Mathematical Analysis of Structural Systems*（《结构系统的数学分析》），感到很欣慰，一页一页把它看完，并赠给学校图书馆收藏。

潘老也很关心国内外大事，一直专门订阅了一份英文版的《中国日报》，直到1997年春天住院前，每天都要把《中国日报》仔仔细细一篇一篇读完。

潘老喜爱读书是从少年养成的。潘老祖籍苏州，上小学时，他所就读的松麟小学堂在一个名叫“惜荫书屋”的地方。先生、父辈惜时读书，使他耳濡目染，懂得了书的宝贵价值，惜时的重要。于是，惜时如金，刻苦读书。由于勤奋，十五岁就以优异的成绩升入中学。1915年夏，中学尚未毕业，又凭借自己的天资和勤奋，考取了唐山工业专门学校（现西南交通大学前身），经过两年预科的学习，成为该校第一届机械系大学生，并在1921年暑假以该系第一名的成绩毕业，获学士学位，同时免试直接取得官费留学美国的资格。

（陈德第：原校党委宣传部部长、副教授，2003年退休。）

潘老让我难忘的几件事

郭恩弟

20世纪70年代末，潘老正式恢复工作后，办公室安排在老行政楼一楼教务处办公室的一个套间里，面积不大，只能容纳两三个人商谈工作。由于我和潘老是里外屋办公，所以天天见面，天天接触。当时潘老是院级领导，我是教务处的普通一员，本来工作上没什么直接联系，但由于当时学校机构还不健全，院办刚恢复工作还没走上正轨，潘老身边也没配备助手，在此情况下潘老安排我帮他做了一些工作。在与潘老相处中，深深感到潘老不愧是学者的楷模，人之师表，感动人的事太多了，下面仅是我最难忘的几件事。

一、为了教改走在前　亲自拜访杨石先

1977年8月的一天，早间新闻报道了邓小平召开部分科学家、教育家座谈会的消息，天津南开大学的校

长杨石先参加了这个座谈会。潘老得知这一消息后非常兴奋，预感到教育的春天就要来了。为了获取最新信息，也为了我校的教育改革走在其他高校的前面，潘老迫不及待地于当天下午前往南开大学去见杨石先，潘老让我跟着去做记录。潘老和杨石先两人同岁，又是美国康奈尔大学的同学，关系非常密切。他们之间的谈话体现了专家学者的风范，相互尊重各自的宝贵时间，讲话简要明了，仅谈一个小时就结束了。但是谈的内容非常丰富，其中包括即将恢复高考的问题。这些问题都是潘老所关心的，所以潘老听了非常高兴，非常开心。与杨石先交谈结束后，潘老又顺便拜访了南开大学数学家吴大任，还顺路拜访了天津大学教务长何国模、天津大学内燃机研究所所长史绍熙。潘老和这几位专家学者谈话的内容也都是教育改革方面的。拜访学者专家本是一件很普通的事情，为什么让我深受感动呢？因为此时的潘老已年过八旬，本该颐养天年了，为了教育改革，为了教育事业发展，一个下午拜访了两个学校的四位专家学者，如此敬业，怎能不让人肃然起敬呢。

二、面对教师受到不公　想方设法予以纠正

1979年恢复了教授、副教授职称评定，我校获批

的副教授名单中没有普通化学教师刘化合，也没有原动力系教师张志强（当时在筹建计算机站）。这两位教师都有二十五年以上教龄，业务水平高，教学效果好，是骨干教师中的骨干。这样的结果完全出乎潘老的预料。没评上的原因是刘化合没有论文和科研成果，张志强计算机教学不够三年。潘老认为这种理由是不合理的，是不公平的。潘老感到如果此事不解决好，这两位教师的积极性将受到极大伤害。众所周知，潘老是非常爱惜人才、器重人才的，潘老果断决定，获批的教授、副教授名单暂不向教师们公布，立即着手向省教委打报告，请求对刘化合、张志强两位教师的职称评定进行复议。潘老亲自草拟报告的提纲，交由我写成正规报告材料，还嘱托我要以学校的名义上报，并要抄送给主管文教的副省长。我都以最快的速度照办了。上报还不到两个星期批复就下来了，两位教师都被评上了副教授，并同其他副教授一起在教师中进行了公布。潘老向省教委请求复议一事只有潘老、马家齐和我知道。刘化合、张志强两位老师至今也不知道是潘老为他们讨回的公平。

三、远见卓识　让外汇发挥最大效益

1978年至1980年连续三年省教委拨给省三所重

点高校（河北师大、河北大学、河北工学院）数十万外汇，专门用于发展现代化教育。当时，各校对现代化教育的理解不同，因此在外汇的使用上也就不一样。河北师大重点投向了电教中心，把大部分外汇用于购买电教中心所需的设备，少部分用于发展计算机。我校在潘老规划下重点用于发展计算中心，把大部分外汇用于购置计算中心所需的设备上，少部分用于发展电化教学。河北大学是电教中心和计算中心并重。事实证明，当时重点发展电教中心是不合适的，收益较小，而重点发展实验室计算中心收益最大。由于我校把外汇用在了刀刃上，使外汇发挥了最大效益，再加上潘老动手早、起步快，使得我校在计算机领域形成了优势，始终在河北省高校中处于领先地位，也为后来建设计算机专业、计算机系打下了很好的基础。在争进“211工程”时，由于计算机方面的优势也给学校增添了一些砝码，这其中有潘老的一份功劳。

四、面对不正之风　坚决抵制

1977年恢复高考后，各高校都在大力编写教材，我校也承担了几门课程的主编。最初编审会都是在主编单位召开，后来出现了一种倾向，编审会都选在旅游景点召开。我校也不例外，有一门主编教材的编审会选在了广西桂林，会议程序有一项是主编单位的领导接见与会代表。我校主管编审会的同志首先邀请潘老去参加接见代表，潘老以工作忙脱不开身为由推辞了。当时交通非常便利，乘飞机不再受限制，工作再忙也能抽出一两天时间前去参加。潘老之所以推辞参加的根本原因是：潘老意识到这是一股不正之风，这股风和潘老一贯倡导的廉洁奉公、节约开支是格格不入的。在当时还有科研成果鉴定会也大都选在旅游景点举行，潘老从来没参加过这类在旅游景点召开的任何科研成果鉴定会。很快中央就下达了文件，禁止在旅游景点召开教材编委会和各类鉴定会。由此彰显了潘老在抵制不正之风方面早有深刻认识。

五、高龄入党　争做一名好党员

潘老1979年12月加入中国共产党，时年已是八十三岁，属于高龄入党。组织关系被分配在校机关党支部教务处党小组，我当时任党小组长。潘老入党后在参加党内各项活动中，从不以老教授、老专家、老领导自居，而是以普通的一员置身于广大党员之中，深受广大党员的爱戴。我和潘老在同一个党小组近两年，有两件事给我留下的印象最深：一是过组织生活从来没有缺席过，也没有过迟到和早退；二是按时交纳党费，从来没有晚交和漏交过，而且还是主动交到党小组长手里，从不等党小组长去收。潘老的模范行为在党员中产生了积极的影响，大家都积极向潘老学习。

潘老交党费的事在党内外也曾有过议论。潘老按规定交月工资的4%，即14.4元，我当时按月工资的0.5%交0.25元，我们党小组有两位高干，他们按月工资的1%分别交1.54元和1.77元。潘老一人交的党费是我们整个党小组交的党费两倍还要多。这个数额也相当于当时一些基层职工月工资的一半。个别群众对潘老交那么多党费表示不理解，而广大党员和群众则认为，这充分体现了潘老对党的热爱、对党的忠诚、对党有着深厚的感情。

六、对身边工作人员关怀备至　感人至深

1979年11月的一天，潘老把我叫到他办公室里给了我一张五寸大小的黑白照片，正面是潘老多半身的纪念照，背景是松树盆景，照片背面有潘老的钢笔签名和日期，还写有“恩弟同志惠存”，还注有“摄于北京北海公园盆景展览会前院”。当时我接过照片心情非常激

动，情不自禁地说了一声“谢谢潘老”。之后，也不知该做什么，也不知该说什么，只是心里在想：“潘老您太善解人意了，您太伟大了！”下午马家齐处长去潘老办公室，潘老也给了马家齐同样的一张照片，背面也有潘老的签名和留言。马家齐接过照片和我一样又欣喜又激动，正面反面往复看了多遍，面带笑容不断地点头，以示对这一珍贵礼物的赞赏。潘老为什么要送我们如此珍贵的礼物呢？当时正是刚刚恢复高考制度两年，这期间在潘老的直接领导下，许多教育改革方面的工作都取得了很大成绩，潘老非常满意，因此用这种方式以表示对我们的奖励和酬劳。这充分体现了潘老对身边的工作人员的关怀和爱护，潘老是把身边工作人员当同事、当知己的，因此，关怀备至，感人至深。

七、潘老因病没能登上央视《东方之子》

1996年初在筹办“潘老百岁华诞”大会的时候，校领导想让潘老登上央视《东方之子》栏目，决定向央视《东方之子》栏目进行申报。当时，领导将这项任务交给我来完成，我对完成这项任务既有信心，但又没把握。有信心是因潘老的资历、业绩、社会上的影响力都很突出，审查通过应该不成问题。没有把握是因登上

《东方之子》栏目的条件太高，《东方之子》是中央电视台人物层次最高、最具权威性、品牌影响力最持久的人物访谈节目，怕有其他要求。为了稳妥起见，我还是求助了河北电视台和有关单位的帮助，在他们的帮助下，我们的申报很顺利地获得了通过。申报通过后，需要录制一个访谈录，就是录主持人和潘老对话。没想到，就在摄制组去潘老家录制访谈时，潘老却因病住院了，潘老病中的形象和精神达到上镜的要求较难，因此访谈没有录成，潘老也就未能登上央视《东方之子》栏目，这让我们感到非常遗憾。在难过之余，细想潘老虽没能登上央视《东方之子》栏目，但申报能通过，说明潘老已经是中国层次最高、最具权威性、最有影响力的人物了，为此我们也应该为潘老感到骄傲了。

（郭恩弟：原教务处教学研究室主任、高级实验师，1998年退休。）

我们为潘老去送信

夏巨敏　刘荫铭

守住多年的小秘密

潘老1978年写给中央领导同志的那封信，是一封具有历史担当精神、不畏艰险、大胆直言的信，是一封表现一名资深学者与教育家智慧、勇气和充满责任心的信。

让我们剪切下1978年初那一段春光，定格那值得拥抱和享受一瞬间的历史镜头，清晰地展现那段历史记忆，仍可显现出当时全校师生荡漾在脸上那久违的笑容和家家吃面庆贺不再搬迁的喜悦心情。那是一个希望的春天，一个科学的春天。

潘老的那封信何时开始准备的，何时写的，何时送到北京的，何人送去的，什么途径送到首长手上的，这都是潘老要我等保守的一个秘密。但可以肯定的是，那封信是一个标志性的符号，是和远见卓识的邓小平同志想到了一起，是一声惊雷，促使我校乃至我国进入改革历史大潮，迎来了科学的春天。

1996年秋季，黄灿灿沉甸甸的稻穗传送着丰收的喜讯，片片落叶伴着野菊花的芳香渲染着秋天的凉意。云展云舒，枫叶如丹。那也是潘老100周年诞辰和从教70周年喜庆之年。那天，潘老约我到他家聊一聊。

他家在三段安岳楼二楼，我们曾经是多年邻居，曾在情报室共事，多年在他指导下从事学报、情报工作，也几次找我谈话推荐我加入民进，我们有着特别的感情。一次他动情地对我说："老夏，我在处境最困难的时候你很尊敬我，生活上帮我，我记得清，我们是朋友，是真朋友。"

那时经常去他家或他办公室，特别是学报复刊的那段时间，我和刘荫铭几乎天天见他，那时有许许多多的细节要一起研究商定，倾听老人家意见。如河北工学院学报编委会组建、学报编辑部职责、稿件范围及要求、稿源及约稿、审稿程序、去国家几个大出版社联系潘老组织审阅的书稿出版事宜以及筹建电子计算机站等。当时教务处的同事称我俩是潘老的哼哈二将。我还受命经常陪伴他到北京、石家庄、北戴河等地参观展览、参加会议。

但1987年之后，我搬家离开丁字沽三段到本溪路住，再加上潘老任名誉校长后，作为全国人大代表、河北省人大副主任、河北省政协副主席、河北省民进主委等，社会活动多，学校为其配备了秘书，我们单独谈话的次数便少了。但在民进支部会上每月还要见面，这次潘老约我去聊天，我思量着不知还有何事情。应潘老之约我上午9点多轻车熟路到了潘老家，二楼中单那普通的门还是那么熟悉，从1972年起，我就经常出入，因此没有生疏之感。

潘老热情地迎接。还是在进门右边的那个房间，靠窗放着办公桌，旁边一张床。坐下后就聊起来，潘老曾经和我有个约定，尽量告诉他学校最近发生的好事，个人的好事也好，不高兴的事就不要讲了。他首先谢谢我在《一代师表》那本书里撰写的关于他的学术思想的文章，又谈起他在百年华诞庆祝会上的答谢讲话，他还询问最近学校有何好消息、新成果等。我选择性地讲了些学校学术新成果、新进展等高兴的事。

他兴致很浓，一直聊到12点多。当我起身告别时，他最后谈了一件事，就是1978年他给中央写信，让我和刘荫铭送信的事。他笑着说，保密很多年，该解密了。我当时的理解是，在适当时候用适当的方式让大家知道。不幸的是，两周后潘老突然脑溢血昏迷住院。

我曾经两次到总医院病房看他，因怕他激动影响情绪，家属特别嘱咐探视者要戴上大口罩站在远处看望。

没想到，那次谈话竟是我和潘老最后的一次长谈。

那封信的前前后后

20世纪70年代初，“两个估计”如同两把枷锁，捆住了广大教师的手脚，教学、科学研究都因此受到影响，潘老也曾受到不公正的对待。而河北工学院（现河北工业大学）广大教职工正面临着搬迁的巨大压力。当时，河北省派来的工作组已到学校，开始层层动员，要求河北工学院5月全部搬往邯郸。

就在这时，潘老站了出来，向上级领导建言停止搬迁，以稳定教学与科研。“问渠那得清如许，为有源头活水来。”是正气、自信、勇气，是对祖国科学教育事业的热爱所驱动，是坚信毛主席社会主义建设三大法宝之一的科学实验的正确。这是源头的活水。一个桃李满天下的教授，蜚声中外的高等工程教育专家，公诚勇毅，为祖国、为民族振兴，为河北工学院的生存稳定与发展奔走疾呼。

早在1975年全国人民代表大会期间，潘老就多次提出约见当时的省代表团团长刘子厚同志，但听说潘老要谈高校搬迁的事，就被回复因事情太多、太忙，后来吕玉兰副团长接见他。潘老很高兴，详细汇报了一个上午。他从学校最近科技成果来看赶超世界水平的重要性，谈到稳定教学科研的必要性，一直汇报到中午，领导无一字表态，既不肯定，也不否定。在当时大环境下，领导也不好表态。

潘老一再强调，大家都在学习毛泽东思想，照毛主席指示去做，毛主席说的很清楚，社会主义建设三大法宝即阶级斗争、生产实践、科学实验。科学实验这一法宝一定要抓实抓好，我不相信按照主席说的搞科学实验会有错。他在小组学习会上，在民进支部会上，以及和各科研人员谈话时都会强调这一点。

为了准备写这封信，潘老从1977年初冬就开始调查研究，掌握第一手材料。首先召开一些小型座谈会，如组织召开在教学和科研工作上有突出贡献的骨干和学术上崭露头角的新生力量(特别是年轻人)座谈会。座谈会上，潘老恰当地插话和引导，使与会者深受鼓舞。潘老分别和学科上有新思维的教师谈话，他询问目前的研究进展、有何困难和希望。他还不辞辛苦到全校各个有关部门及科研小组调查。

他踏着秋霜，从院部到南院调研；他迎着寒风到东院课题组，了解情况，就连印刷厂、锅炉房都留下了他的足迹。一个年已八十二岁的老人，心中装着科教振兴、民族振兴的希望。经过反复思考，细致调查研究，他的思路更清楚了，也更成熟了。终于下决心完成写给中央的信。

去北京送信

1978年3月中旬的一天，潘老让我和刘荫铭去他家，有事情要我俩办。

那是一个充满希望的春天，暖暖的春风将万物唤醒，融化了北运河坚冰，河水渐绿渐蓝，暖绿了两岸的垂柳，催发了桃花堤的桃花。河北工学院院部（现在的北院）花园也是生机盎然，草长鸟飞，满目春色。

上午，我俩如约到了他家。潘老一改平时和蔼的微笑，神情极其严肃地说："麻烦二位明天去北京一趟，给我送一封信。信的内容不能告诉你们，因为可能有风险，那会连累你们。包括各级领导都没给看，因为这事我个人负责。"说完，从抽屉里拿出一封写好的信封，是厚厚白信封，都已经封好了。我接过信感觉沉甸甸的，估计至少有七八页纸。信封上看到熟悉的潘老那工整的大字：蒋南翔转，信封下落款承孝。潘老表情郑重而严肃，不想让任何人受到牵连，并一再强调一定要保密。

我俩感到事情重大，小心翼翼地将信封放到背包里。潘老告诉我们，北京正召开科学大会，科学和教育各有分会场，教育组在京西宾馆，到京西宾馆后找大会秘书处联系，最好和开会的徐岳生联系一下。我俩已经很清楚了，就和潘老告别，急忙做好明天进京的准备。

第二天早晨5点多，我俩乘公交车到天津北站，排队买去北京六点的车票，那时票价是1.98元。还好，买到了有座位的票。火车轰隆隆地慢节奏前行，那时天津到北京要走3个小时。春天虽到，乍暖还寒，车厢里虽然拥挤，我们还是总觉得有些冷。下车后走出火车站，发现广场上阳光灿烂，体感很舒服。

我俩在熙熙攘攘的北京站广场加快脚步，急忙往公交3路站赶去，你推我拉地挤上拥挤的车厢。从始发站一直坐到终点站，再转换乘坐郊区车，大概又坐了几站，下车后又徒步走了一段路。那时阳光充足，但刮起了风沙，顺着高大透绿的一大段围墙，费了很大劲才到了京西宾馆。门卫仔细检验我们的介绍信后，带我俩进了开会的大楼里。

值得庆幸的是，当时科学大会秘书处工作的有好几位是中国科学技术情报所的熟人，因我们几乎每周都要去他们单位借阅资料和介绍国外科技的电影胶片，回学院给广大教师放映，因此混得很熟。他们称我校是国内高校搞科技情报的第一家。杨同志先帮我们找来参加科学大会的徐岳生，我们碰了头，彼此心照不宣，并把信交到秘书处。

这次科学大会有6000人参加，会议开幕定在3月18日，与会代表3月16日已到北京。会议由邓小平同志提出，方毅同志负责。大会秘书长就是蒋南翔，因此信件当天就转到蒋南翔面前，很快就转到了邓小平同志手里。因此，这封关于停止搬迁、稳定教学与科研的建议信很快就得到了首长的批示。

下午，仍是风和日丽。潘老托付的一件大事完成了，心里无比轻松，就急忙赶到北京站买票回津，到家时已是万家灯火。

很快，河北省委省政府来人宣布中央领导对潘老信件的批复，并宣布学校停止搬迁。

今天，河北工业大学蒸蒸日上，正前进在建设“双一流”高校的路上。老校长那光明磊落的赤子之心，永远在我们的思念中闪闪发光。

（夏巨敏：原校学报编辑部主编、副编审，1999年退休。刘荫铭：原管理系副主任，1989年调天津职业大学，曾任计算机系主任、教授，1998年退休。）

潘老十分关心提高计算机应用水平

张金锁

回忆20世纪70年代末的一件往事。

打倒“四人帮”后，河北工学院迎来了温暖的春天，教学科研欣欣向荣。这时，在教师队伍中掀起了学习应用电子计算机算法语言的热潮，大家纷纷到天津市唯一一台电子计算机441B上去试编计算程序，当大家看到自己首次的计算机成果时，心情格外振奋。

过了没多久，人们觉得仅会编程序的算法语言，还不能解决自己科研中遇到的大量计算问题，诸如微分、积分、微分方程及数理方程等连续函数的数值计算问题，以及科研中大量的数据处理问题。

我曾经自学过一些“数值分析”及“计算方法”方面的数学知识，为了满足老师们科研工作的需要，在地震棚里我编写了一本《计算方法》的讲义。讲义编出来了，讲稿是有了，但听讲的人没有书啊！这事被教务处的胡长庆知道了，他大力支持，把讲义印了出来，并在河北工学院教师中开办了第一次“计算方法”学习班(校外一些科研设计单位也派人参加)。

这件事不知何时被潘老知道了，我估计是胡长庆告诉他的。有一天，潘老邀我去他办公室。我见到潘老时，他桌子上就放着我写的《计算方法》讲义。这时，潘老年事已高（近九十岁了），但精神仍很好。见面后，我向潘老汇报了编写讲义的目的、过程和办班的情况，他听得很认真，不时点头，插话。他说我办了一件好事，对老师们提高科研能力，对推广普及计算机应用很有益处，表现出一位老者对年轻人的关心和鼓励。

我还记得一件小事，潘老指着《计算方法》讲义编者的署名为张楠，问我为什么不写自己的真姓名，我不好意思地说：“我的名字太旧了！”潘老开玩笑地说：“你看我的名字——承孝，比你的名字还封建！名字就是一个符号。”

潘老的为人，让人一辈子铭记在心！

（张金锁：原管理学院教授，1998年退休。）

潘老关心工管系的发展与建设

苗长润

1992年5月的一天，放下校办室电话后，我怀着兴奋的心情走进潘老办公室，潘老和蔼可亲地打招呼说："来啦！快坐！找你来没有别的重要事，就是谈谈工管系与专业的情况。"我赶忙恭敬地说："谢谢潘院长对工管系的关心。"接着向潘老汇报了1984年建系以来工管系及专业总的建设与发展状况，并请潘老给予指导。

潘老听后点头表示满意，并提出以下指导性意见：

1．"科学管理"是19世纪初，美国泰勒依据工业企业生产过程中产生的问题和管理实践提出的，对提高企业劳动生产率和经济效益起到较大作用。所以，"管理科学"在欧美发展较快，各大学先后设立相关专业，培养管理人才。

我国改革开放后，对管理方面人才需求较大，我校也新增设“工业企业管理”专业并成立“工业工程管理系”，是很必要的。但在培养目标、教学大纲和课程设置等方面应有工科院校的特点。

2.依据国家市场经济发展要求，要有计划增报新的相关专业，逐步扩展培养规模。

3.根据各专业培养计划要求，在校内外有针对性地选调、引进有较高水平的教学人才，建设培养一支德才兼备的师资队伍，在提高教学水平上下功夫。

最后，潘老语重心长地说：“以上三点不是什么指示，只是建设性想法，有的你们已经做的不错了，有的也正在做，我只是希望你们更积极主动有步骤地发展和建设。”

听完潘老上述真知灼见的教诲，我心中万分感慨。已经是一位九十五岁高龄的老教授、老校长仍一心考虑惦记学校如何发展壮大，唯独没有自己，真是一位一生孜孜不倦追求教育事业高质量发展的教育家。

至今从经济管理学院现状看，上述思路已较好实现，目前已成为河北工业大学以工科为主，经管法文多科教育发展的重要组成部分。也算是为我们最尊敬的教育家潘承孝校长送上的一份厚礼吧！

（苗长润：原管理学院院长、教授，2004年退休。）

潘老关心图书馆

王林海

我在图书馆工作的几年中，与潘老接触过几次，每次都对我们的工作进行了针对性的指导。

第一次是1993年春天。一天上午9时左右，我正在图书馆外面看两个同志种的小石榴树，突然潘老坐的小汽车停在了面前。当时已九十七岁高龄的潘老由张庆海同志扶下车，我赶紧上前和潘老打招呼。潘老说："林海，你陪我进馆转转，再看看你们的小花园。"我说："好。"我和张庆海一边一人扶着潘老绕图书馆转了一圈，又到小花园看了看。潘老对我说："图书馆周围环境很重要，搞好环境绿化可缓解师生学习紧张情绪。"

另一次是1996年，学校争创"211工程"期间。一天下午，张庆海打电话说潘老下午3点到图书馆看看。3点我们三位馆长到门口迎接百岁的潘老。到馆后，潘老提出，想看看你们的开架借书库。我说开架书库在二楼，您这么大年纪上楼不方便，坐电梯吧。他说不用，你扶我上去就行。我扶他上楼时，觉得他身体很重，上楼时很吃力。到了二楼，扶他到开架书前，他仔细查看书放的位置是否整齐，有无乱架。看完后，他说："还好，很整齐，没有乱架。"

下楼后，我们把他领到一楼报告厅内的小客厅坐了一会儿，在此他对我们说："图书馆在大学教学中占有很重要地位，图书、期刊、检索课都很重要，对教学科研帮助很大，尤其是外文重要期刊，千万要保持连续不能断（因当时经费紧张，外文期刊少订了不少），否则以后不好补，会影响教学科研的。"同时，还谈了些鼓励我们的话。

潘老把一生奉献给祖国的教育事业，尤其是为我们河北工业大学的发展呕心沥血，贡献卓著。他那平易近人、深入基层的工作作风，感染、激励着河工人永远向前。

（王林海：原图书馆馆长、教授，2000年退休。）

潘老与我校“211工程”

冯其标

潘老，德高望重。上至国家政协原主席贾庆林校友，下至全校广大师生员工，都对潘老无比敬仰和尊敬。

潘老，以德强校。在我校争进“211工程”的过程中，潘老以他在省委、省政府、省顾委的崇高威望和与省领导的个人亲密关系，为我校进入“211工程”发挥了举足轻重的作用。一是创造条件。在我校争进“211”过程中，正值河北省由农业大省转型工业大省时期，这时工科院校更具优势。当时我校校办工厂的电站装置设备和数控机床在全国技术领先，并占据一定市场，但苦于没有资金，不能扩大生产，向省银行申请贷款，却以不能异地贷款被拒。潘老得知这一情况后，立即请求约见时任省主要领导，省领导立即召见省银行行长，指示说：“工大是河北省自己的学校，不存在河北、天津异地贷款的问题。”此后省银行曾多次主动为我校贷巨款，支持工大改善办学条件，从而为我校争进“211”创造了有利的条件。二是积极争取。在争进“211”过程中，省委、省政府、省顾委的领导和省直有关部门领导中，有相当一部分人持有“肥水不流外人田，支持工大就等于把钱投到天津”的观点，为此，潘老率我们几个校级领导到石家庄当面向省有关领导汇报。我们说，工大在天津，是河北在天津的一个窗口，对河北省扩大开放，引进天津的人才、技术和资金，为河北省服务都极为有利。省有关领导听后，立即表态，支持工大进“211”，并承诺要说服其他持不同观点的同志，从而为我校进入“211”获得了省领导的支持。三是寻求突破。省长叶连松同志毕业于上海交通大学船舶动力专业，属专家型领导。叶省长虽不是潘老的亲授学生，但早闻潘老是全国内燃机专业的开拓者和知名教育家，凭借潘老与叶连松省长这种前辈和后生的关系，潘老力邀叶省长到校视察指导工作，又借省委省政府为潘老祝寿的机会进行沟通，主动联系叶省长，由我校领导详细汇报我校情况。在多次接触中，叶省长对工大的精神面貌、办学理念和特点、师资队伍和教学科研状况，以及为河北省经济建设所做贡献等有了深入系统的了解，从而为决策工大进入“211”起到了十分重要的作用。

潘老，以德育人，桃李满天下。潘老的许多学生都是科技精英和国家栋梁，初步估算，中国科学院院士、中国工程院院士有十余人之多，其中还有美国科学院院士；另外，还有副部级以上领导干部二十余人。在一次潘老的祝寿会上，时任中国工程院副院长、为国家航天工程做出杰出贡献的材料科学家师昌绪说："潘老严谨治学、严于律己的高尚品德始终激励着我，使我受益终生。能有今天，不忘恩师。"

潘老，以德服人。凡是与潘老有过接触的人，都能深切体会到潘老平易近人、平等待人的风范。因此，潘老在学校有极高的亲和力、感召力和凝聚力。安徽省原省委书记、省人大常委会主任、我校校友王学军同志说："我在县、市、省三级任主要领导时期，都牢牢继承和发扬潘老以德服人的美德，从不以权压人，更不以势欺人，不但陶冶了自己的情操，工作也受益匪浅。"

（冯其标：原校党委书记、副教授，2003年退休。）

忆潘老

郭长江

潘老担任学校领导长达四十多年，是一位严格自律、公私分明的典范。比如，他始终不让为自己配专车，他去石家庄、北京开会有时乘火车还不坐软席坐硬座。1972年，我校黎哲宏教授在北京家中生病，我陪潘老、张玉峰（系党总支书记）前去探望，坐的是我开的汽车，是一辆教研室教学用的北京吉普。当时我总觉得过意不去，而潘老却笑着说此行随意、方便、舒适。又如，清华大学庄前鼎教授（我校庄人望老师的父亲）逝世，当时，潘老可以用公款买花圈祭奠，但他却让我用他的工资花35元购买了一个花篮送去，等等。

在我和潘老长达几十年的接触中，我深深感悟到，尽管潘老取得这么多的成就，有着这样大的名气，但他却十分平易近人，十分低调行事。在他的日常工作和生活中，几十年来，他总是那么宽容和善而不张扬，待人接物彬彬有礼，说话的语速不快不慢，语气很温和，使人感到和蔼可亲。

有一件事，让我始终难以忘怀，这就是我陪潘老等学校领导去石家庄找省领导汇报工作，争取援助学校建设和发展的有关事项。

1993年潘老时任学校名誉院长，虽年已过九十高龄，但仍日夜为学校的建设和发展操劳。初夏的一个早晨，潘老派人找我。他说：“你是否能和叶连松省长联系一下，说我们学校领导想到省里汇报工作。”（注：因我、海德利、叶连松三人是上海交通大学同班同学）我回答说当然可以。经联系，省里同意接见。于是潘老带领冯其标（党委书记）、颜威利（院长）和我一同前往石家庄。到了省政府，因叶连松省长开会不在办公室，于是，我留下一个纸条：“叶兄，我校潘老等领导同志来省汇报工作，希望你能接待为盼。”我们回到招待所，潘老再三对我们说，见到叶省长，只汇报工作，不准要这要那。第一次见面就是汇报，不提要钱要物要投资。

第二天，省长秘书通知我们说，叶省长今天下午接见你们。接见时，除叶连松省长外，还有省教卫工委主任何长发同志。在接见汇报会上，先由潘老简要汇报学校建设发展情况，然后由冯其标书记和颜威利院长分别汇报党建和学科建设、师资队伍状况及发展前景等，并提出请省领导来我校指导工作。叶省长充分肯定我校工作，并当场同意安排时间到天津学校视察。叶省长对潘老十分尊敬，说老人家这么高龄还为学校日夜操劳，呕心沥血，令人十分感动。当晚，叶省长设便宴款待我们。事后我们都感到不虚此行，目的达到了。

过了一个多星期，叶连松省长、顾二熊副省长（分管教育）、省计委主任、省教卫工委主任等一行来我校视察指导工作，除听取学校领导全面汇报工作外，还重点召开了关于学科建设、人才培养和科研发展座谈会。座谈会上，大家重点谈及如何争取办好省确认的重点大学，以及争建“211工程”事项，并得到省领导和有关部门的重视。

在座谈会上，我重点提出，作为我省重点工业大学，应重建汽车、拖拉机实验室的必要性和重要性，希望得到省领导和有关部门的支持。之后不久，省里就同意对该项目拨付人民币250万元。我校就是用这笔钱，建设了现在南院靠光荣道马路边的一幢三层的动力楼，从而为我校汽车、动力、能源的教学和科研做出了重要贡献。

（郭长江：原动力系教授，1996年退休。）

潘老重视和关心马列理论教育

于锡三

我们的老院长潘承孝教授，是我国知名的工程教育家、汽车和内燃机专家。他治学认真、从教严谨。在他从教76年中培养出数以万计的工程技术人才。相当长的时间里，在我校许多教师心目中，潘老的教育思想仅局限在智育教育方面，局限于工程教育领域，如他提出的“三基教育”“工学并举”“教学、科研、生产相结合”等。但鲜为人知的是他在德育方面也非常重视，关心学生做人做事，健康成长。他认为，德育教育是培养“四有人才”的需要，可促使学生在政治素质、政治方向、人生价值、道德品质等方面得到教育和提高，使高校培养的学生更好地投身改革开放和社会主义现代化建设。所以，智育和德育、红与专必须并重，缺一不可。

在这些方面我深有体会。因我长期在马列主义教研室（后更名为社会科学部）工作，并和潘老是邻居（同住在三段），见面机会较多，比较熟悉，所以聆听他的指导和教诲较多。现在回忆起来，有三点记忆较深，终生难忘。

首先，高校必须牢记、贯彻执行党和国家的教育方针和培养目标，努力把学生培养成德、智、体、美全面发展的有理想、有道德、有文化、有纪律的适合社会主义现代化建设需要的各种专门人才。潘老认为：这个总的培养目标是我们办学的总的出发点，也是制定教育计划和方案的总的依据。我们的专业教育必须做到服从于服务于这个总的培养目标。当然对你们搞理论教育的同志来说，更应重视和贯彻，通过理论教学，培养学生正确的政治观点，树立马克思主义世界观和高尚的道德品质，要具有识别和抵制错误思想和丑恶现象的能力等。你们思想政治理论教育工作务必要把这个要求渗透到教学各个环节和教学过程之中，这个任务和要求非常重要和繁重，希望你们能高度重视，力求做得更好些。

其次，具体到如何搞好马克思主义理论教育方面，潘老有三点认识和建议。第一，要学好基本理论和观点。只有把理论基础打牢了，才能教育学生明确政治方向、分清是非，坚持马克思主义的立场、观点和方法，更好地为社会主义服务。第二，要理论联系实际，不能老讲理论，背条条。要深入学生了解他们想什么，对国内外形势和重大事件有什么看法，以及对人生有什么期盼和打算等，用马克思主义理论解决学生需要解决的问题。这样我们的理论教育才有效果，才起作用。第三，要使学生了解和认识社会，教学方式要生动活泼多样化，可在适当时候如周日、节假日、寒暑假，组织学生参观学习或搞些社会调查等。

最后，潘老的教育思想还表现在强调“三基教育”“教学、科研、生产三结合”“工学并举”的同时，明确提出了学生下工厂实习、搞设计等，不仅学各工种、各种设备的性能、特点、具体的实际操作，在学工的过程中还有一个重要任务就是通过实习，在和工人师傅学习过程中，学习工人阶级爱党爱国的优良品质，艰苦朴素的作风和勤劳奋斗的精神，使同学们做到红专并举。

马列主义教研室根据中央关于加强和改进马克思主义理论教学工作的意见，在学习其他高校经验的同时，也融合了潘老关于德育教育的意见和想法。多年来，马列主义教研室探索出理论教学课堂、课外活动课堂（亦称第二课堂——如选派教师担任兼职辅导员、班主任，组织课外业务教育活动，如马列读书会、邓小平理论研究会、业余党校、系列讲座等）、社会实践课堂（如利用节假日、寒暑假组织学生到革命教育基地以及到农村、工厂进行学习参观和社会调查等）有机结合的教学模式。由于取得较好的效果，1987年6月，河北省委科教部在我院召开全省高校马克思主义理论座谈会和现场会。省委书记邢崇智、省委常委科教部长陈玉洁等同志亲临现场主持和指导。会后，省委科教部专门发文（1987年5号文件）介绍我院马克思主义理论教育和改革的做法与经验，在一定程度上提高了我校的知名度和影响力。

今天，我们回忆潘老学习潘老，虽然已事隔三十多年，仍然感到潘老关于重视德育教育的办学思想，仍有很强的针对性和富有远见。当前，我国的发展已迈进新时代，踏上新征程，我们要在习近平新时代中国特色社会主义思想的指导下，调动我校各方面的积极性，团结一致，凝心聚力，为实现我校“双一流”建设和高质量发展而奋斗。

（于锡三：原社会科学部主任、教授，1995年退休。）

回忆潘老的几件事

刘荫铭

1970年前后，学校从每个系抽调一名教师成立科技情报室，隶属于生产科研处，七十多岁的潘老被安排到情报室工作，由此我和潘老有了十来年的共事经历。

为《学报》把关定向。情报室的成立就是为了加强校内外的交流，及时反映学术成果的动态。那时潘老每天早八晚六，准时上下班，翻译国外内燃机工程期刊、论文。我们创刊的《河北工学院学报》，从征文、编辑、排版、校对到发行，以及参与社会活动，英文提要的撰写等，都得请教潘老，把关定向。当年，出版学报、进行学术交流的刊物全国也不到十家，我校却一年出刊两期，稳定且有质量，不久就被国家期刊出版资料库定为征集对象。

建言献策稳定办学。那些年正值省市分家，原在天津的河北大学已搬到保定，工学院也计划搬往邯郸。中央一号令下达后，时间紧迫，拟先搬往涉县，此时我校已经换驻了河北省的工宣队。后来就此事潘老写信向上级反映，信中分析了工科院校设在天津与邯郸的利弊得失（原信内容我们没看），潘老的意见符合广大师生的心愿被采纳，无论从长远看还是从现今看，我校作为“211工程”院校的今天都离不开潘老的努力。

思维敏捷难与相比。八十年代，电子计算机和网络技术迅猛发展，各高等院校更是奋勇当先，潘老指示我们到天大、南大调研，记得当时一台441B就占满50平米的两三个大房间，而功能还不及现在的一台智能手机。与此同时，校内成立了电子计算机（服务）站，集中了当时全校的电子、电工专业教师，还派我参加“大连市工业科技培训中心”一年的脱产学习，潘老这种高瞻远瞩、远见卓识的教育家的风范至今让我铭记在心，很难遗忘。

（刘荫铭：原管理系副主任，1989年调天津职业大学，曾任计算机系主任、教授，1998年退休。）

回忆潘老与元氏县校友见面会

刘文吉

1993年春，元氏县河北工业大学校友会把在石家庄参加省人大会议的潘承孝院长接到了我县。随行人员告诉我，潘老九十六岁了，身体还行。于是，我搀扶着老人家登上政府招待所四楼会议室。在元氏县工作的十几位校友早早就等候在那里，见到潘老到来，纷纷上前问候。潘老关切地询问校友们的工作、生活情况，几位校友向潘老汇报了自己的工作情况及本单位生产发展现状。潘老很满意，鼓励大家要有自信心，并强调："同学们一定要知道，中华民族是优等民族。我在美国留学多年，我们中国人比外国人一点儿也不差。我国一定能成为先进的国家，同学们一定要努力工作。"

同学们关心学校的发展，关切地向潘老问这问那。潘老说："咱们学校越办越好，只是铸造专业报考的太少，招生困难，国家需要这个专业，你们说说有什么好的办法?”我说:“我在工厂工作过，铸工又脏又累，大部分年轻人不愿当铸工。我一个亲戚家是铸造专业户，很想学习先进技术，比如精密铸造。这种情况，在全省全国都有很多。我认为是宣传不到位，招生办法不到位，特殊专业要有特殊招生办法，不能只凭分数。”

潘老还说:“加强民族自信教育太重要了，应该大力宣传近代中华民族的杰出人物，如吴健雄、钱学森等科学巨人，让新的一代有民族自豪感，树立民族自信心。”

（刘文吉：原电气工程系企电65-1班学生，退休前为元氏县工会副主席。）

潘老关心思想政治课教学

叶金铭

20世纪90年代，我曾任社科部主任。当时潘老已是学校的名誉校长，在第二行政楼二楼有办公室。我们社科部也在二楼办公，因此有机会常与潘老见面。

有一次，我在行政楼大门口遇见了潘老，向潘老问好后，潘老叫住了我，并关心地问：“你们现在政治课都开什么课了？”我根据当时执行的全国高校开设政治理论课的“八五”方案，向潘老做了汇报。即本科生一年级开《中国革命史》，二年级开《马克思主义原理》，三年级开《中国社会主义建设》，并汇报了研究生的开课情况。潘老边听边点头，并问：“学生的反应怎么样？”我又根据平时了解的情况做了汇报。潘老听后点点头说：“好。”就上楼去了。这次简短的见面，给我留下的印象很深，潘老非常关心学生的思想政治课，特别关心教学反映、教学效果，这对当时我的教学管理工作

潘老在图书馆与教师交谈

很有指导意义。重视教师的教学反映、教学效果是潘老一贯坚持的教学理念，很值得继承和发扬。

（叶金铭：原社会科学部主任、教授，2000年退休。）

慈父与严师

——潘老的女儿潘家齐对父亲的回忆

董金明　康慧奇

6月5日，我们一行三人在南开大学老干部处周处长的陪同下，就潘老如何重视家风家教、严格要求子女的问题登门拜访了潘老的五女儿潘家齐及其先生王君容。二位老人都是南开大学的教授，虽都已年过八十，但精神矍铄，平和热情，思路清晰，谈吐不俗。说起潘老对子女的教育及长者风范，都如数家珍、侃侃而谈。

在谈到潘老对子女的培养、教育、要求时，潘家齐教授说："我们兄弟姐妹共七个，多年来父亲非常注重对我们这些后代的培养教育，既体贴又关心，尤其是对我们要求非常严格，特别是在我们工作后，每隔一段时间，就会询问我们现在的工作情况，让我们向他汇报。我大学毕业的时候，苏联的专家来咱们国家在全国建立半导体专业，我被派到清华进行学习。走之前，父亲特别嘱咐我，派出去学习很不容易，一定要把好东西都学会了，要把能学到的都尽可能学到手。我到清华之后，牢记父亲的叮嘱，所有的课都去听，不听课的时候就到实验室跟大家一起做实验，因此我借机学到了不少东西，所以回来建实验室的时候也就比较顺利了。

“后来我爱人出国学习的时候，嘱咐他要好好利用这个机会学习国外的先进知识，回来以后利用学到的知识为国家效力。总的来说，父亲对后代的成长非常重视，不只我们这一代，就连我们的后代的成长他也非常重视，抓得很具体。那年，我女儿生小孩的时候，他还去了医院，他那时候都已经八九十岁了，医院的医生都很吃惊。

“我父亲对我们兄弟姐妹家庭的和谐也很关注，非常关心家里的每个成员。平时大家都很忙，但他要求我们每年都要相聚一次，并要求每次聚会都要带着后代，我们聚到一起足足可坐三桌。我父亲说不要等我们这一代不在了，家就散了，所以一定要把下代的孩子都带来。我父亲认为，这样一代一代的，潘家就传下去了。因此，我们这个大家庭十分和睦。”

在谈到潘老深爱河北工大、对学校感情极深时，她说工学院有什么好消息，父亲都会及时告诉她。“当时河工大正面临搬家的问题，河北省政府提出要在短时间内完成搬家任务，于是学校就开始装箱。基于对教育事业的关心，我父亲认为，对理工科学校来说，搬迁损失很大，而且那时经济又比较困难，所以一直坚持不搬。为此，我父亲专门给小平同志写信，后来小平同志作了批示，使学校不再搬迁。我父亲立即打电话告诉我们，让我们一起分享这个好消息。他说，学校人人都很振奋，积极性很高，马上拆箱，恢复实验室。父亲深深敬爱小平同志，对党的感情，对小平同志的感情一直非常深厚。所以，1997年2月17日早晨，当新闻联播播出小平同志逝世的消息后，我父亲由于情绪激动，突发脑溢血住院。”

说起潘老对党的深厚感情，潘家齐教授特地把她珍藏多年的老父亲写给她们子女的“遗言”拿给我们看。“遗言”字里行间充满了潘老对党的无比热爱。“遗言”中除告诉子女们不要为他的离世而难过，嘱咐她们丧事一切从简外，更多的是结合自己的亲身经历谈共产党的光荣伟大。潘老在“遗言”中谆谆教诲她们：“在我的一生中，亲自看到旧中国的悲愁情境，英国人在上海租界公园门前放着‘华人与狗不准入内’牌子，日本军阀杀了我们将近一千万人民。在中国共产党的领导下推翻了三座大山，人民才得站起来，不能忘记中国共产党功劳；抗美援朝一仗，显示了中国威力，这是在旧中国时代不可想象的事，千万不可忘记共产党的功劳，所以要诚心诚意拥护中国共产党。我们都是党员，更应该如此。中国是个大国，要有强大的党来领导建设现代化，这是史无前例的艰巨工作，在前进中难免发生一点困难，不要因此而动摇信念……”看了“遗言”，我们被深深打动了。

潘家齐教授说：“我父亲十分注重基础课教学，我们毕业后留校在南大物理系任教，他想要了解一下南大物理系的基础课，就让我帮他联系相关的老师和实验室。我父亲来南大的时候，我们当时的物理系主任都出来迎接他，他那时候已经六十多岁了，在这儿待了整整一上午，大家都深受感动。临走时，我父亲借走我们基础物理和基础教学的有关课程资料，父亲都仔仔细细地看了，并和我们一起讨论，显示出他时时关心工学院的基础课教学，关心基础课的建设。

“对校办厂、对工人，我父亲也十分关心，即使在我父亲八十多岁时，我听他说，他经常去电工厂听他们的汇报，去车间看一看大家的生产情况。很多人都问我父亲长寿的秘诀，我们也问过他。我父亲说，他从来不计较、少生气，吃得香、睡得着。我父亲提出两点需要注意的，一个是脑，一个是腿。脑好比发动机，需要常用才灵活，腿好比汽车的轮子常走才有力。因此，在我父亲一百岁的时候，仍然能自己上六楼来我家。”

时间过得真快，谈话间已到了10点半多了，尽管二位老人精力充沛，谈兴正浓，毫无倦意，但还是考虑到两位老人的身体，应让她们休息了，于是我们只好起身告辞，恋恋不舍地离开了。

（董金明：离退休工作处处长、高级工程师。康慧奇：离退休工作处工作人员、讲师。）

回忆敬爱的潘老

杨　倬

我和潘老是老乡，同为苏州人。平时接触较多，聆听教诲也多，使我受益匪浅，终生难忘。

潘老1927年从美国学成回国，1958年任河北工学院院长（1962年四院合并为天津工学院，那时便担任院长）。这时潘老已具有三十五年在我国高等教育事业从教的经历，积累了丰富的高等教学和管理的经验，初步形成一套符合国情的高等学校的办学理念。潘老一贯强调的抓好“三基”教育，坚持教学、科研和生产相结合，以及理论教学和实践教学并重的办学理念和方针，为我校历史上留下了不可磨灭的光辉一页。这些办学理念和特色是我校的宝贵财富,将永远继续传承发展。

我从1962年开始，有幸在潘老领导和教诲下进行教学工作，并不断成长。当今我已耄耋之年，但潘老谆谆教导和一些往事仍历历在目，记忆犹新。

1962年四校合并为天津工学院后不久，学校组织青年教师参加公益劳动，我被安排在院部花窖附近砌筑一段临时围墙，当围墙即将完工时，潘老来到现场。我作为一名建筑学的教师，看着这样歪歪扭扭的围墙，觉得实在交代不过去，有些不好意思。潘老见到我们这批青年教师面带笑容地问候我们，并从青年教师参加劳动的意义说起，谈到学校教师应重视理论联系实际，这样才能培养出符合国家要求的合格人才。潘老并未批评我们围墙砌筑的质量，却给我们青年教师指出了今后的努力方向。

1959年，我们招来了第一届五年制建筑学专业学生，在1964年毕业设计开始时，为了更好地贯彻理论联系实际的理念，我们教学组选择了天津市城规建设项目——西站旅馆建筑方案设计，教学安排时采用了深入社会工程实践、理论联系实际的教学形式，激发了教师教学积极性，取得了很好的教学效果。潘老得知后予以充分肯定，并推荐我们在南院礼堂召开的全校毕业设计教学交流会议上发言，这为我们建筑学专业教学贯彻理论联系实际教学理念打下了基础。

1983年建筑学专业恢复招生不久，我们搬入院部实验楼办学，此时潘老虽已是耄耋之年，但经常不顾劳累来到六楼参观建筑学专业学生作业展览，当看到一年级学生建筑初步课程一丝不苟的绘图作业时，潘老予以了肯定。之后，可能是因潘老的女儿在天津大学建筑系任教之故，潘老说，天津大学建筑系之所以多年来一直跻身于全国“老四校”行列，其办学经验之一，就是抓住了建筑系的“三基”教学，使学生具有了扎实的专业基本功，从而使建筑系毕业生受到全国好评。实际上潘老又一次给我们指出了努力方向。当潘老得知我们在课程设计和毕业设计教学中，始终贯彻理论联系实际、理论教学和实践教学并重的教学理念后，却担心我们过多联系社会工程实践，是否会影响专业理论教学。当看到我们建筑学资料室条件较差时，潘老通过学校图书馆调拨几组金属书架，改善了资料室阅览环境，这使我们深受感动。我印象最深的是，潘老在行走不便时，还来到六楼参加王宝生老师建筑摄影展览开幕式，并在资料室给毕业生题词以资鼓励，可以说潘老对建筑学专业师生是无微不至的关怀。

潘老一贯重视校园建设，20世纪60年代初期，根据社会需要，南院成立了农机系，但当时学校经费紧张，建筑材料紧缺，为此潘老为建设农机和内燃机实验室而绞尽脑汁。当时建筑学教师参与了建筑设计工作，在实验室选址过程中，潘老考虑到实验室噪声较大，可能会影响附近教学楼上课，为此潘老亲临现场参与选址，最后确定实验室建在南院西南角偏远处。在选址过程中，潘老提出，实验室要精益求精，建筑标准要因陋就简，尽量节约土建投资的设计原则。这种既一丝不苟又艰苦奋斗的精神，使教师们都深受感动。不久，南院农机及内燃机实验室相继建成，及时满足了农机和内燃机教学和科研要求。

1982年，我校东院图书馆建设工程启动，这时潘老虽退居二线，但仍非常关心，经常来到建筑设计室（我校建筑设计研究院前身）看图书馆设计方案，不断提出改进意见，同时非常支持我们教师参与校园建设。潘老还讲述了当时天津大学师生参与七里台校园建设规划、设计与施工的热烈场面和情景，这也为当今天津大学规划与建筑设计研究总院成为全国闻名“产学研”相结合的创新创业平台打下基础，为我们土建类专业指出了办学方向。图书馆楼竣工时，潘老邀请原北洋大学校长茅以升亲笔为图书馆题写馆名，这给图书馆增添了浓厚的历史文化色彩。潘老对院部的校园绿化建设也非常重视，对建设特点和重要性有长远谋划和深刻的理解。针对院部校园面积不大的特点，提出营造舒适、宁静和具有校园特色的绿化环境，满足师生休息、交流、锻炼和晨读等需求，受到全校师生和社会绿化管理部门的好评和赞赏。我有幸参与了潘老领导的学校绿化委员会工作，体会到潘老如此热衷于校园绿化环境建设，主要缘自潘老对高等教育事业的责任心，以及对师生关爱的一份赤诚之心。

潘老待人和善、平易近人，从不以领导和长者自居，所以我们和潘老交流没有顾虑，从不拘束。有一次，我在学校医务室碰上潘老，我问及潘老何处不舒服，潘老弯腰扶着腿说："嗨，当年刚从国外归来时年轻逞强，北方大冬天就穿一条西服裤，从此落下了风湿骨痛的毛病。"周围的人们听了潘老的这句话很受教育，它给我们青年教师在生活和健康养生方面上了生动的一课。"文革"结束不久，物资供应丰富了，我们一家住在院部教工食堂西侧筒子楼里。我的岳母来津看望我们，正好又赶上春节，潘老闻讯后专程来到院部看望我们，当时真有受宠若惊的感觉。交谈片刻后，我们拿出自制的南方黑芝麻水磨汤圆来招待潘老，毕竟我们都是苏州人喜欢甜食，潘老品尝汤圆后，所露出的和蔼和喜爱的笑容，我至今还记忆犹新。

（杨倬：原建筑工程系主任、教授，1999年退休。）

潘老为学校的建设和发展呕心沥血

侯家玺

我校的老院（校）长潘承孝教授是我国第一代汽车和内燃机专家、知名的教育家。他一生呕心沥血、忠诚于党的教育事业。潘老的风范和师表形象深深铭刻在河北工业大学每个师生员工的心目中。

潘老在河工大的领导岗位上，德高望重，严于律己，诲人不倦，将毕生精力都倾注在河北工业大学的发展上。从事教育七十余年，在教育思想和教学科研工作中，力主理工结合，强调基础理论、基本知识和基础技能的“三基”理念，特别强调工科大学的教师，在教学中要加强注重对学生的理论联系实际和能力素质的培养，开创了我校教学、科研、生产三结合的办学道路。潘老的办学理念和教育思想，全面贯彻党和国家教育方针和社会主义办学方向。他坚持教育改革，坚持开放办学，坚持“工学并举”的办学特色和目标定位，为我校的建设和发展奠定了坚实基础。

潘老一贯谦虚朴实，唯贤是举，爱才惜才，礼贤下士，深入基层，平易近人。我与潘老同住一个小区，上下班有时走在一起，他常常向我问及教学和科研方面的有关问题。有几次约去办公室谈及教材建设和加强基础理论课程教学事宜时，也总给予谆谆教导。不论在各系、教研室、实验室、办公室、工厂车间还是教室等都留下潘老的足迹。

在推进教学改革和创新方面，潘老亦有深刻的见解。他认为，工科大学培养的人才特别要重视理论与实践的紧密结合。为此，潘老在和教师的接触和交谈中，要求我们在教学各个环节，要把学生能动性的培养和理论联系实际的能力纳入教学的每一个环节当中，纳入每一个课堂教学当中，让学生主动发挥他们的内在潜力。

1977年国家恢复了高考制度，当年11月份由高等教育部所属高等教育出版社组织全国一些重点院校高等数学及大学物理的教材编写会议，我校争取到参会代表名额，当时会期临近，潘老知道后非常支持，为了按时到会，特批数学教研室刘文和我及物理教研室闫宝宜、卓崇培四人乘飞机飞赴西安参会。在会上，我们代表学院对教材编写大纲作了主要发言，受到与会代表的重视。此次会议使我校成为全部专业数学教材出版的编写院校之一，提高了我校的知名度和影响力。潘老对教学改革、教材编写和建设工作非常重视，在我们的教材编写中，他强调教材编写一定要注重“三基”，并多次倾听我们编写教材的有关情况。同时，潘老还从美国麻省理工学院购来《微积分》教材原版书一套，提供给我们学习、借鉴，使我们深受鼓舞。

在河北工业大学建校115周年、恢复重建60周年之际，深入贯彻落实“十九大”精神，不忘初心，坚定信念，传承推进学校“双一流”建设。我们要继承河北工业大学“工学并举”传统和潘老的“教学、科研和生产三结合”教育思想，全面贯彻党和国家教育方针，坚持立德树人，为把我校建成一流大学努力奋斗。

（侯家玺：原理学院教授，2003年退休。）

潘老永远活在我的心里

陆同理

潘老离开我们多年了，但其严谨的治学精神、对青年教师的亲切关怀、认真的工作作风永远留在我们心中。

(一)

20世纪90年代，应中国轻工业出版社的邀请，请我组织人力编纂一部较权威的“机械工程师手册”，内容涉及机械工业各部门，如冷加工、热加工、液压自动控制、测量、管理等，约150万字。

出版社提出，手册完成后，必须有一位国内知名的权威专家作序。我想来想去，感到请潘老出面最为合适，于是登门拜访。说明来意之后，潘老沉思片刻，肯定地说，一定要支持年轻人，在学术上做出成绩，一定在看完原稿后写一个序言。

本来潘老年事已高，只想请他口述别人代笔，然后签字即可，但潘老不同意，一定要亲自动手。果然潘老亲自审阅关键的四章后，亲自写了200字的序言充分肯定这本手册“新内容、高起点、精干、实用”。这充分体现了潘老对年轻老师的支持、鼓励，我心里感到无限温暖。

其中一个小插曲，终生难忘。编写中用了一个“谨致谢意”，当时我把“谨”字错写成三点水的“瑾”字，潘老居然发现，给予纠正，真让我惊讶不已，潘老的细致、严谨让我终生难忘。

大手册终于出版了，潘老200字的序言，刊在手册的最前面，引导我们年轻人跟着潘老足迹前进。

（二）

20世纪80年代，学校步入正轨。此时，我接到一个科研项目“超声波探测”。国内当时在压力容器、潜艇、船舶、化工容器等领域，急需解决准确确定内部缺陷、保证安全使用的探测设备，需要我们研究出一种新型的超声转换器，此项目与国内一流的汕头超声所合作。此项目向潘老汇报后，他十分重视，每月都要来实验室多次，询问计划，研究进度，分析困难，提出解决办法，像长辈关心后代一样，令人感动。

一天中午，我在实验室吃午饭，馒头、粥、咸菜，潘老看到后，“噗”地笑了一声，走了。过了一会儿，他给我送来20个鸡蛋，那时候鸡蛋还很珍贵，我哪里肯要，但潘老的这番心意使我心里暖暖的，感动地流出了眼泪。

三年后，该研究取得成功，并获广东省科技进步一等奖，这与潘老关心、指导是分不开的。

潘老仙逝，但音容笑貌长存我心里，他是我最尊敬的长辈，永远活在我的心中。

（陆同理：原材料系主任、教授，1996年退休。）

忆潘老关心校园建设的几件小事

陈晓安

潘老是河北省重建“河北工学院”的奠基者，是他率领钟兴锐、王董豪、佟明达等教授，来校作为师资队伍的骨干和带头人，开展教学工作。

我结识潘老是1962年四院合并时。当时潘老住在丁字沽三段教工家属宿舍十五号楼，我住九号楼。一次，路上偶然遇见潘老，他衣着简朴，态度和蔼，说话时面带微笑，因此使我毫无拘束。两人边走边谈，大多是关于学校建设问题，他话虽简短，但十分中肯和关键，有很好的指导意义。他平易近人的态度，语重心长地交流，使我受益匪浅。

潘老非常重视校园建设。东院化工大楼续建工程，是合院后第一个施工项目，他在百忙当中尽力抽出时间，经常到工地巡视，仔细观察，并将看到的问题，和应注意的事项，告诉给校方工地施工管理人员妥善解决。

一次院部召开的基建会议结束后，在回家的路上我和潘老一路同行，他把在会上的意见，又简明扼要地重复了一遍，并明确指出：“建筑工程不能只抓进度，一定要确保质量，做到精益求精。”

20世纪80年代，在东院兴建我校首座专用图书馆。在潘老指点下，设计新颖，造型美观，布局合理，功能齐全，是当时富有时代感、现代化的一座标志性建筑，是可供师生读书、阅览、查找资料的良好去处。潘老还出面敦请曾任北洋大学校长、我国桥梁专家茅以升先生为图书馆题写了馆名。

施工时校方狠抓质量，严格要求，防患于未然。建筑企业则精心施工，一丝不苟，工程质量完美无瑕。在共同努力下，获得了天津市建设委员会颁发的优秀建筑工程二等奖，受到校领导和各方面的好评。

喜讯传来，基建处全体人员莫不欢欣鼓舞，这是他们废寝忘食，用辛勤汗水换来的佳绩，感到无比幸福和自豪。大家兴高采烈地纷纷来到图书馆外，一边仔细地欣赏宏伟壮观的外貌，一边欢声笑语地谈论着。这时，张庆海老师陪同潘院长来东院巡视，大家鼓掌热烈欢迎，并把潘老围在中央，争先恐后地挤到前面和他握手致意，有人提出一起合影，潘老高兴地点头同意。爱好摄影的张老师立即拿出像机，让大家站在台阶上找好位置，拍下这一美好的瞬间，珍贵永存。

大家簇拥着潘老到馆内休息片刻，随后到各处观看。潘老满意地不断点头称赞，祝贺大家在工作中取得了优异成绩，并勉励大家继续努力，再接再厉创造新的业绩。聆听教悔，倍感温暖亲切，让我们信心十足。

潘老特别重视校园绿化美化工作，要求全年常青，绿树成荫，四季有花，鲜艳芬芳。从一草一木的栽培到管理，无不浸透着他的心血和精力。

在院部原行政楼与机系楼之间的区域，按潘老建议：中间甬路与周围道路之间满铺草坪，并栽种灌木和生长缓慢的丛木，楼门之间相连道路两侧种植葡萄，道路上方搭满葡萄架。夏日叶茂遮荫，从中走过感觉清凉舒适；秋天果实累累，果香飘逸，成为师生们业余学习和休闲的好地方。中间设有喷水池，喷头和承盘，由潘老亲手设计、绘制图样，交给机工厂制做安装的。清泉喷出，水花飞溅，晶莹明亮，美妙无比。整个校园前区，景致宜人，赏心悦目，宛如一座小巧玲珑的花园。

行政楼门前两侧栽种海棠，花朵含苞欲放和盛开时姿态妩媚；后门上方种有藤萝，两侧有数棵较大的蓉花树，格外娇艳。

在此基础上，又在临近一号路围墙护栏院内空地上，种满品种繁多、五颜六色、婀娜多姿的月季，它适合人们常年观赏鲜艳夺目的花卉，被红桥区绿化委员会挂牌誉为“花园式单位”。这是按照潘老规划意图实施和潘老亲临指挥所取得的显著成果。

河北工业大学如今已呈现高楼林立、错落有致、环境优美、生机勃勃的新面貌。这其中浸入了潘老很多的心血，潘老为河北工大的发展建设做出了巨大贡献，他永远受到广大师生的崇敬和深深的缅怀。

（陈晓安：原基建处高级工程师，1993年退休。）

在潘老教育思想的指引下

角铁民

我理解潘老的教育思想有两个内容：其一是教学、科研和生产三结合，它是“工学并举”的“现代化”，也就是学用结合。其二是高等学校只有把“三基”（即基础理论、基本知识、基本技能）打牢了，才能培养出能文能武、理论与实践相结合的高等教育人才。

我今年八十五岁了，几十年一直在教学、科研、生产第一线工作，现回忆起来，在潘老教育思想熏陶下，有两件自己亲身经历的事。

一、无线电实验室——科研兼生产基地

1970年前后，我约了几个老师研究“组装”北京牌电视机，十台电视机全部是用报废和次品零件，手工装配、制作和调试成的。它对我们这伙人的动手能力和理论的提升是空前的。后来，我们无线电科研生产基

地，先后有了两个定型产品："炮弹测速仪"和"SCY型水声综合测试仪"。"炮弹测速仪"是为军工厂测定炮弹平均速度的专用仪器，"SCY型水声综合测试仪"专为中国科学院声学研究所研发的一套专用测量仪器。

1975至1980年，无线电教研室大部分教师都参与测速仪和水声测试仪等的科研和生产，这时期也是师生科研水平提升最快的时期之一。

第一，教学内容和教学成果大丰收。水声仪丰富了课堂教学内容，学生很爱听。

第二，科研水平及论文大丰收。技术指标的不断提高就是科研水平的提高，这个时期是教研室在国内外期刊上发表论文最多的时期。1979年"SCY型水声综合测试仪"荣获天津市科技进步三等奖。

第三， 经济效益大丰收。学校给无线电教研究开了专用账户，成为校内有钱的教研室之一。实验室的有些仪器和实验台就是用这笔钱添置的。

在潘老的"教学、科研和生产三结合"的思想指导下，使无线电教研室赢得了"三丰收"，它更是办好河北工业大学的传家宝。

二、第二课堂和毕业设计

1988年，在计算机系我们开放实验室和科研室，将毕业设计、第二课堂和科研任务三者结合在一起做了卓有成效的大胆尝试，效果很好。1989年该项“三结合”实践——教学研究课题“培养高质量计算机人才的探索——毕业设计、第二课堂和科研三结合的实践”在河北省立项。1988年到1992年四年间先后完成了23项子课题，总共有90名学生参加第二课堂科研实践，厂里、系里、师生都说这个办法好。

（角铁民：原计算机系高级工程师，1996年退休。）

记潘老二三事

孙德秀

潘老将自己的一生都贡献给了教育事业，直到去世之前，仍然在发挥着自己的余热。

（一）

大概在1964年、1965年，伊朗驻中国大使馆落成，因此请一些专家前来参观，此次来的大多是国际上的专家，国内的就请了潘老，并让潘老带十个人一起来参观，这十个人中就包括我。参观结束之后，召开了一个茶话会，那时候我们都比较简朴，穿的都是灰色的涤卡，潘老当时穿的是中山装，穿得十分随便，因此很多人对我们有一些轻视。后来来了两个翻译，但是这两个翻译翻译不了中文，这时潘老就主动站起来进行问答，其他的外国人也都站起来围住了潘老，并且向潘老提问，提到美国的政治，潘老回答了他的一系列看法，潘老还提到了对中国的发展的看法。潘老十分博学，他会说多国语言，对其他人的提问对答如流。外国人一听觉得潘老十分了不得，纷纷过来与潘老握手，我们的地位也因此得到了提高。实际上，不单单是我们个人，也是整个国家在外国人的心目中的地位的提升。后来我才明白，潘老所说的我们不需要翻译，我们自己就可以解决，他是想表明，我们中国有很多有真才实学的人。

（二）

潘老十分重视校园建设，因为我是园林专业毕业的，潘老每个月必定会找我一次，我们把整个学校都溜了一遍，一起看看学校的生态环境和建设。另外潘老也支持绿化，院部的走廊的修建也是潘老建议做的（走廊的设计是我做的），此外还有院部的喷水池、葡萄架等，做得都很细致。就连修理草坪这样的事，潘老都十分细心地亲自去看一下。比如东院的草坪，潘老也会每个月喊我一起去看一看树和草的长势，看一下养护的怎么样。不仅对学校的生态建设，潘老对教学更是重视。潘老也非常平易近人，不管对谁都非常客气，潘老管我叫孙老师，其实我是晚辈，潘老却都这么叫我。

（三）

还有一个令我印象十分深刻的事情，就是潘老遇到什么事情都亲力亲为，什么都要干到底。有次潘老问，我们学校里能不能种多浆植物，我有个同学是研究多浆植物的专家，我就把他介绍给潘老，潘老就问他问的十分仔细。另外每到学校要绿化的时候，潘老都要跟我一起去刘园苗圃和程林苗圃参观考察，那时候潘老已经七十多岁高龄，而且一去就是小半天，尽管这样，潘老都要亲自去看看有什么适合学校用的树苗。潘老对做事情就是这么认真、仔细，兢兢业业。

（孙德秀：原土建系教师，1984年调天津市容委街容处处长、高级工程师，1997年退休。）

对老院长办学理念的感受和感动

温利弘

今年是我校恢复重建60周年。1958年天津市由中央直辖市划归河北省，用自己所属教育资源为工业发展服务，成为省市的共识。

我是1956年3月因在北京航空学院留校后没有从事专业技术工作，在中央“调整、巩固、充实、提高”方针的宣讲中我要求到“两弹一星”基地当一名士兵，做技术工作经受锻炼而申请调离北航的。没有想到的是，回到我家所在的天津市，被工学院录用到无线电技术教研室。原本无线电教研室在工学院就有较强的实力，党员骨干的比重较大。当时在老院长潘承孝的重视关怀下，为加强无线电技术专业，从西安、北京、南京的大学引进了一批大学生充实师资，又从西安交大、内蒙古工学院、北航等高校调来一些教师以适应无线电专业发展较快的需求。这是潘承孝老院长以超前的眼光，采取的积极措施。

1963年10月初，学校派我到上海参加“中国电子学会无线电制造工艺专业首次学术会议”，交给我的任务不单是学术交流，不能被学术束缚手脚，还要会上听、会下记、休息时走访，理出参加会议的工厂、学校、科研院所如何把偏理科的无线电技术专业向偏工科的制造工艺转变，根据单位任务的不同采取那些具体的措施为地方工业发展服务，对大学毕业生的希望和要求有哪些等。

10月15日到24日会议期间，会上我认真听、采访中详细记，会议结束后，我还先后参观了上海几家无线电工厂，还顺路对浙江大学及工厂、南京工学院及南京有关厂进行参访。11月回校，对听、记、访进行整理， 提出我校如何加强向制造工艺转变的措施。12月主持教务的副院长燕杰、教务处长吴开文及系教学副主任、教研室副主任听取了我的汇报，并深入研究了对教学环节的要求，突出工科基础课强化的内容，专业技术基础课的加强，要求课程设计、毕业设计都要拿出样机来，并尽可能做实用检验，教师带课题进修、科研与教学结合，能讲能干，学生才会见生产不怵头。这些都体现了潘老严把教学关的要求。

1981年7月25日下午，河北省自然辩证法大会在北戴河召开，会上潘老致开幕词，强调如何为河北省经济发展服务。大会秘书长魏安赐作工作报告，宗旨是服务与经济发展结合，完成合理的技术结构，学习消化国际新知识。我作为代表以无线电技术教研室“怎样通过实验准备培养初中文化的工人”为题在会上发言。会议到30日结束，从会议的内容和成果进一步印证了我对老校长办学理念的真切感受和感动。

（温利弘：原电子系无线电教研室副教授，1997年退休。）

敦品励学

铭记潘老的关怀

周华珍

1962年四院合并后，有几天我患坐骨神经痛，请假在家休养。潘承孝院长从我们系主任王董豪教授那里听说我有些不舒适，就专门到我家来看望我。对潘老的到来，我感到很突然。我想，潘老都已70多岁高龄，还亲往一个三十多岁的下属家中探视，实在使我感到不安。

潘老来我家后嘱咐我说："不要以为自己年轻就把身体不当回事，对一个人来说，身体是搞好工作、干革命的本钱，从青年、中年就应该注意。"他又说，思想要开朗，生活要有规律，饮食要节制，经常锻炼，这样才能有健壮的身体等。让我没想到的是，过了一个多月，潘老又来到我家，探望我的病况。他说："坐骨神经痛、腰肌劳损这类病，靠打针封闭不能治根，要请中医用针灸治疗，不仅好得快，而且能治根。"潘老的话让我全身暖暖的，按照潘老的建议，我很快请吴子亮老

潘老深入科研组

师的爱人(中医大夫)请一位针灸专家给我治疗了半个多月，结果完全治好了，也没有留下后遗症。我深深感谢潘老的关怀，潘老作为一院之长，每天工作很忙，却始终把我这么一个普通年轻干部的一点儿病挂在心上，真让我十分感动，所以，这件事令我始终难忘。

(周华珍：原院党委副书记，后调天津理工学院党委副书记，1991年离休。)

回忆潘老对我的教导

唐承业

潘承孝，我校师生们提到这个名字，便会立生崇敬之情。由于他平易近人，和蔼可亲，人们都尊敬而亲切地称他为“潘老”。

潘老，德高望重、学识渊博，有着丰厚的人生经验与阅历。他思维敏捷，考虑问题深远，无论他在肩负院长重任时期，还是进入耄耋之年，都对办好我校工厂一贯给予了高度的重视、关怀和指导，使我们在校办工厂工作的人们受益极深，实难言尽。

下面简述几个潘老对我个人直接教导的“小片段”，以此微表我对潘老的怀念与感激。

潘老指导我“宣讲论文”

《红旗》杂志1960年和1961年先后两次登载了哈尔滨工业大学侯镇斌等老师所写的有关“积木式机床”

与“机床内部矛盾规律”方面的文章，北京机械工程学界对该问题展开了热烈讨论。1961年10月《光明日报》登载了清华大学金希武、王祖唐等老师的文章，讲述了他们的观点。

我与叶尔贲同志对他们的观点持有不同看法，于是我们两人研究讨论，由我执笔写了“对机床内部矛盾的认识及对研究其发展规律的认识”一文，发表于1961年11月15日《天津日报》“学术”专栏上。时为院长秘书的靳泰安同志告诉我：“潘院长看了你们的文章认为很好。并说，在学术问题上，要鼓励青年人敢于对知名学者的观点发表不同见解。”后来，经潘老确定，让我在1961年11月河北省机械工程学会与天津市机械工程学会及我校联合举办的“机床发展规律学术讨论会”上宣讲此论文，并对我做了具体指导：“宣讲时不要紧张、要沉稳，不要念整篇文稿，重点把文章的主要观点和论据说清楚就可以了。讲话要快慢适度，时间以不超过20分钟为宜……”

这是我首次得到潘老的亲切关照和具体的指导，十分感动，至今难忘。事实上，潘老对我校许多年轻人都进行过亲切细致的指导和鼓励。潘老关心、重视、循循善诱、亲力亲为地培养青年人，是永远值得我们学习的。

潘老给我“讲故事”

1981年初，我在总结工厂研制成功CH9232型系列机床的设计思想和方法的基础上，写了一篇题为《运用模块化设计原则和成组技术原理，研制适用于中小批生产的高效机床》的论文，被中国机械工程学会推荐，于1981年12月上旬在厦门召开的“全国成组技术学术交流会”上作了大会宣讲。会议结束时，大会决定，推选我为《全国成组技术研究会》硬件研究组副组长。

我回校以后，及时向潘老做了汇报，潘老听了非常高兴，当即讲了一个东周列国时“田忌赛马”的历史故事，用来启发我们的思维方法。潘老指出：“在整体实力不占优势的情况下，田忌通过调动和谋划的策略，战胜了对手，这对我们是一个很好的启发。我们学校科研的整体水平不可能比那些重点名校都强，但如果我们善于启动思维，发挥我们自己的优势和特点，研制、开发出独具特色的新技术、新产品，我们学校同样能在某些领域中占领高峰。”

潘老这种扬长避短、以奇制胜的思想方法，对我们的科研工作，确实起到了十分有价值的指导作用。

潘老教我“抓机遇”

进入20世纪80年代，在新技术浪潮的冲击下，我们紧迫地意识到校办工厂必须走科技兴厂的道路。为此，曾多次建议以工厂的技术力量为基础，与相关专业的教研室合作，成立自动化装备研究所。当时，学校领导认为有难度，需经河北省批准方可成立，因而被搁置下来。但潘老却一直十分重视和支持。1983年，河北省刘秉彦省长到学校视察工作，潘老特意事先找我谈话，授意我就成立自动化装备研究所这一问题，直接向刘省长提出申请，并向我指出，要抓住这一机遇。

刘省长在视察我校过程中，我全程陪他参观工厂，向他介绍了工厂教学、科研和生产的情况。随后，在刘省长与我校部分人员的座谈会上，我按照潘老的指点，提出了成立自动化装备研究所的建议，刘省长听得很认真，并表示回省和有关部门研究再定。后来，在潘老的关心和支持下，经河北省正式批准，在我校工厂成立了自动化装备研究所。这是我校由河北省批准成立的第一个研究机构，它的成立，对于把我校工厂更好地建设成为教学和科研的实践基地有着重要的意义，此举后来受到全国高校工厂界的赞赏和羡慕。

潘老给我“出课题”

20世纪50年代末，我校复建之初，时为院长的潘老就明确提出：“我校要走教学、科研、生产三结合的道路。”

潘老非常重视我校的校办工厂，他认为校办工厂是我们工科院校进行“产学研结合”培养工程科技人才的校内基地和“试验田”。

20世纪80年代初，我被任命为校办工厂的领导成员之一。一次，潘老见到我便很亲切地问：“你现在忙什么工作?”我回答说：“分工主抓实践教学、科技开发和生产质量管理等方面的工作。”潘老说：“有什么困难吗?”我说：“如何妥善处理好教学、科研和生产三者关系很不容易，这也是全国高校工厂长期不能很好解决的难题。其难点主要在于教学有教学的规律，而生产有生产的规律，在实践中存在着许多矛盾。”

潘老听了以后很郑重地对我说：“是啊，你要把怎样处理好教学、科研和生产三结合作为一项重要的研究课题，在工作实践中去认真探索，加深认识三者之间的内在规律，总结经验，不断改进，这样坚持下去，就一定能使教学、科研、生产结合好。”

此后，正是在潘老的高度重视和直接指导下，我们通过不断的探索研究，实践、认识，再实钱、再认识，明确提出了要以“育人为主导、科研为关键、生产为基础”作为搞好我校工厂的准则，力求使三者实现协调、稳定、持续的发展。这一指导思想的确立，使我校工厂加快了前进步伐，于上世纪八九十年代一度取得了显著发展，成为国内最早实现“教学、科研、生产一体化”的高校工厂，从而跻身于全国“明星”高校工厂行列。

我校处理产学研关系的指导思想和实践经验，得到了当时国家教委领导和国内高校工厂广大同行们的赞同，并给予较高的评价。当时，众多兄弟院校工厂的领导都认为这是我校对我国高校加强产学研结合基地的建设、管理与发展，提供了成功经验并做出了理论贡献。

如今，回忆当年我校工厂这一历史成绩，应当功归于潘老。

潘老给我“敲警钟”

潘老每年都要多次到我们校办工厂巡看，大约在1995年秋天的一次，他来到电工厂大楼的一个办公室说要找我，我得到电话通知后便来接待潘老。潘老坐在长沙发上让我坐在他的身旁，然后以非常严肃的表情和口吻对我说："唐承业，你们是不是因为工作上有了成绩便很骄傲啦?"这一突然的责问使我顿感茫然，我立即站起身来对潘老说："非常感谢您对我的直言批评，我们一定要进行自我反省。近几年来我们工厂发展较快，做出了一些成绩，但，这都是在学校党委领导下，特别是在您的重视、关心和教导下取得的，同时，没有全工厂职工、尤其是一线工人师付的辛勤劳动，我们工厂的教学、科研和生产等不可能取得如此成绩。我们几个工厂领导成员虽然努力工作，但颇感能力不足、水平不高，是没有骄傲资本的。您的批评是给我敲警钟，今后一定更加谦虚谨慎。"

潘老听了我的回答后说："你能这样认识就很好，我就放心了。"

事后，我同当时科技产业处另外两位领导成员谈及此事并进行了认真的自我检查，感到确实未敢骄傲。

估计潘老听到了一些反应，如：1.电工厂那几年效益好、奖金高，校内兄弟部门有意见；2.处、厂有的领导成员曾在工厂发展问题上顶撞了学校领导；3.工厂在争取"河北省机电一体化工程技术中心"投标中取胜，为学校争取到3百多万元的资金，工厂有些同志对我个人的作用有些夸大，等等。

总之，我们都认为，这是潘老对我们的关心和爱护，是给我们敲警钟，能得到潘老的直言批评很宝贵，很难得！我们一定要更加谦虚谨慎，做到“警钟长鸣”！

潘老给我“留任务”

大约是在1996年的春季，潘老又一次来到工厂巡看，我还是在电工厂一楼的那个办公室向潘老汇报他想了解的情况。接着，我告诉潘老，我已经从科技产业处领导岗位上退下来了，现在是延聘做些辅助性的工作。

潘老对我说：“你们多年来坚持走科技兴厂的道路，我认为很好。你要认真总结搞好校办工厂的经验，帮助比较优秀的年轻科技人员尽快成长为科技领导骨干。这是留给你退职后仍可继续承担的一项很有意义的任务。要帮助青年人，既努力提高科技水平，更注重品德修养，只有科技水平高、品德修养好，才能服众，才能胜任科技领导工作。总之，科技是关键，坚持抓好科技，培养好科技人才，校办工厂才能持续发展好。”

我回答潘老说：“我水平不高，能力不强，但一定遵照您的教导，尽力完成这项任务。”随后，我对潘老说：“您多多保重身体，一定要成为跨三个世纪的长寿老人。”潘老爽朗一笑，用手指着挂在办公室墙上的挂钟说："争取活到2000年元月元日零时，钟声一敲响，我就可以'完成任务'了。"

在我记忆中，大概这是潘老生前最后一次来工厂巡视和指导，他那天的音容笑貌，令我至今记忆犹新，难以忘怀。

潘老这次对我的教导，使我进一步领会到他的深谋远虑。事业的发展需要青年人一代代地接力传承，培养德才兼备的青年人，乃是潘老一贯最为关注的大事。

潘老，这位著名的教育家，一辈子循循善诱、诲人不倦地为国家培养了一批又一批科技人才；他呕心沥血、鞠躬尽瘁地为我国教育事业奋斗了一生，做出了重要贡献，是我们河北工大引以自豪的楷模领导。

习近平总书记说："不忘历史才能开辟未来，善于继承才能善于创新。"潘老的教育思想是我校宝贵的"文化遗产"，对争创"双一流"大学有着很好的参考借鉴价值。

（唐承业：原科技产业处副处长、高级工程师，1998年退休。）

潘老教我写论文

叶尔贲

20世纪50年代末，我国为经济建设和国际需要，欲建造一批如万吨水压机、1200轮钢机等若干重型机械设备。在当时严重缺少大型加工机床的情况下，上海建设机床厂、太原重型机器厂等诸多工厂的工人师傅们创造了以小机床加工大零件的所谓“以小干大、蚂蚁啃骨头”的工艺方法。1960年在经过调查研究后，我校向国家科委申请对上述工艺方法进行全面总结和对“蚂蚁机床”实现标准化系列设计进行立项研究。而后被批准为重点课题，由我校和上海建设机床厂共同承担完成。我有幸参与到此项任务中。

1961年上半年，社会上出现了全面否定“以小干大”工艺方法的论调，加之国家经济形势出现暂时困难，国家科委暂时停止了这项课题研究。潘老为此亲自组织了一次校内座谈会，我和几位课题组内的老师也与会并发言。我根据一年多的调研和现场亲身实践，用大量的事实说明全面否定“以小干大”工艺方法或反之无限夸大它的作用都是错误的，我总的认为，“以小干大”工艺方法和蚂蚁机床在特定条件下，在重型机器制造领域应该有它的地位，它是重型零件加工中不可缺少的一种工艺方法，是对重型机床加工重型零件工艺方法的一种补充。潘老及许多老师均同意我的观点，会上潘老请科研处李其正科长向国家科委递交一份阐明我校观点的备忘录。

这次会后潘老把我留下来，让我把我在会上的发言写成论文。我大吃一惊，对潘老说：“我一个中专毕业生，真没写过什么像样的论文，也不知该怎么写。”潘老鼓励我说：“你不用怕，论文没什么神秘的。你在会上的发言很好，有说服力，你把它丰富起来就是一篇很好的论文。你说你不会写，我来教你写。”我非常感动。此后，潘老教我懂得论文的基本结构，写论文的提纲，参考哪些文献资料，直到写论文全文。期间，指导我多次修改，其中大的修改就有三次，还耐心细致地帮我修正错别字和标点符号。三个多月后，一篇题为《“以小干大”工艺方法和蚂蚁机床，以及它们在重型机器制造业不同生产条件所占的地位》约两万余字的论文定稿了。该论文重点叙述了“以小干大”工艺方法和蚂蚁机床诞生的社会背景，它们的各种表现形式，在当时重型机器制造中发挥了不可替代的作用和贡献，以及在重型机器制造行业中所占的地位等。潘老亲自把它推荐到天津市机械工程学会当年年会上发表。后又推荐到1961年11月召开的中国机械工程学会十周年年会上作书面发言。令我没有想到的是，这篇论文被收录到中国工程机械学会十周年年会专题论文集里，并于1962年由中国工业出版社出版，公开发行。直到最近我才获悉这可能是我校1958年复校后，首篇在全国权威学术会议上被收入论文集里的论文。

潘老已仙逝15年了，50多年前的往事犹如昨天发生的一样，潘老对我的谆谆教诲受用了一生，他老人家的音容笑貌永远印记在我的心中。

（叶尔贲：原校机床厂总工程师、高级工程师，1997年退休。）

一张老照片

王恩远

整理相册，偶见一张老照片。这是一张拍摄于上世纪的1981年的照片，是在日语口语班学习结业时，我在院部与潘老的合影。

几十年过去了，当年参加日语学习时的情景还历历在目。“文化大革命”结束后，1977年大学本科开始招生，高校教学逐渐走上正轨。改革开放初期，百废待兴，为了适应改革开放要求，校内外出现了学习日语的热潮。我当时住在东院院内，每天清晨都能听到英语900句的广播和朗朗的背诵外语的声音。

应广大教师的要求，学校当时在东院化工系教学楼开办了日语进修班（初级班），我报名参加了学习。当时主要是为应付职称考核的要求，其他并未多想。参加日语初级班学习的人很多，足有100多人。初级班结业后，我又参加了日语高级班及口语班的学习，历时两年有余。到日语班结业时，仅剩下了十几个人。

学校及潘老对日语口语班十分重视，除安排专职的日语老师教辅外，还请校内有过旅日背景的老先生如化工系副主任包文滁、电机系陈绍林、制图教研室李祖隆等给我们讲课。当时我们在院部行政楼上课，潘老来看望过我们，要大家好好学习，将来对外交流有用。通过日语班学习，使我受益匪浅。后来我听说，日语班结业后，还入了档案，今后有赴日考察或学习任务，这些人优先。

作为一名土建系的普通教师，我与潘老的交往不多，但每次在校园内碰到潘老，他都会和我打招呼，使我很感动。后来听说潘老平易近人，见到谁都这样。在八十年代末的一个冬日，我与潘老在院部第二行政楼邂逅，他当时刚从接送他的小车上下来，我尚未开口，潘老竖起拇指说："奇迹。"我至今也不知道，当时潘老何意。好人一生平安，潘老一生都贡献给了高等教育事业，年近百岁，还在关心着我校的建设和发展，奇迹！

（王恩远：原土建系副教授，1999年退休。）

大音希声 大象无形
——宗师潘老印记

任宝山

老校长潘承孝，是20世纪50年代河北工学院复兴重建的奠基人、领导者。他培育了几代人，引领了几代人；继承发扬了工学并举的工程教育传统，奠定了高水平、高质量教育教学局面，实现了办学格局的历史性突破；是名副其实的河工历史上承上启下的宗师。

我个人在求学、任教、从事管理工作的不同时期，都深受其教诲，留下了终生难忘的记忆，每每想起都难抑心情的激动，且历久弥新，恍惚就在昨日。

1962年前后，潘老在学校大力推行“三基教学”。一天，我和同班同学做专业实验，潘老和佟明达系主任到实验室观察。当时，我正聚精会神地用光电天平称量药品，毫不察觉他们已在我身边观察多时了，待我称量完毕起身才发觉，一时手足无措，拘谨地呆立在哪里。

“你为什么那么小心谨慎地操作，是怕损耗仪器吗?”潘老笑容可掬地发问。“对。操作动作太大会影响天平的精度和寿命。”“为什么?”潘老又问。潘老可亲的笑容感染了我，一时紧张情绪顿消，我比较从容地回答：“天平靠一个玛瑙的刀口支撑着全部的重量，受到冲击，坚硬但质脆的刀口容易损耗。”“为什么会损坏?”潘老又进一步追问，脸上仍然泛着微笑。我于是壮着胆子说：“刀口的支撑点是一条线，在几何学上线只有长度没有面积，因此即使再小的重量，理论上这里的压强也是无穷大，遇到冲击就会断裂。”“好，好。”潘老拍了拍我的肩膀，和佟主任一起微笑着走了。

1963年，我毕业留校任教，成了一名专业教师。一日清晨，我像往常一样在机械楼前的小桃树林里念外语，我仿佛感觉到身后有人循声进了树林。我回头一看，竟是潘老。时隔一年，他还能认出我。潘老满脸微笑地说：“毕业了，留校当了教师吧?”又连连地说：“好，好，念吧，念吧。”潘老的微笑中又平添了几分亲切，令人感动。

潘老说话时的那种充满怜爱、鼓励的眼神和寄予无限厚望的期待至今仍难以忘怀，成为铭刻于脑际的永久记忆。这种无以名状的情感回忆，也成为日后誓做优秀教师的内生驱动力的重要成因。

1987年，我由一个教研室主任变为教务处处长。对于既无实际经验可恃，又无理论素养可依的我，对于职务的变动，顿感迷茫与畏难。于是我抱着极大的热忱，急迫地找潘老求教，就如何做个好教务处长希望得到他的指点。潘老知道我的来意后，依然是一副长者和蔼可亲的笑容，一边让我坐定，一边慢慢地说："那你打算怎么当教务处长呢？"他见我有些迟疑，便鼓励我："说说看，没关系的。"于是本来想破解难题的求教，不知不觉中变成了工作设想的汇报。潘老极其认真地听我述说。期间，我数次用商榷的口吻希望得到他老人家的确定性意见，但都被他热情和善、无限信任的笑容挡了回来。在汇报过程中，他有过几次会意地点头就算作他的表态了。一直到最后，汇报完毕从办公室走出来，潘老对我的履职设想也没给出具体肯定或否定的意见和建议，只是嘱咐我"要大胆工作，试试看"。这次谈话我虽然没有得到原先设想的结果，但要当个好教务处长的勇气和信心却更强烈了，深感肩上责任的重大。

在此之后，因为工作关系，我和潘老的见面机会越来越多，像第一次工作汇报那样的场景多次重复出现，结局也和第一次汇报极其相似。潘老给我的依然是那副永恒的微笑与无比信任的面孔，仍然是一句极平凡却含义隽永的话语：大胆做，试试看。潘老的鼓励让我在工作中信心十足，取法乎上，力争做到最好，同时对待工作又如履薄冰、时时警醒，不敢有丝毫的懈怠和疏漏。

潘老对古老东方的哲学参悟到了极致也运用到了极致。他语气平和质朴，但意境深刻语重心长；他那种不确定性的评述，时常给人留下无尽的遐想和努力奋斗的空间。微笑、激励、信任，看似无为，却有着无不为的力量。这就是潘老，这就是长者潘老，教育家潘老，河工史上一代宗师的潘老。

潘老在你面前一站，哪怕没说一句话，也能提升你的境界，这绝不是一种虚妄的夸张。

（任宝山：原校副校长、教授，2005年退休。）

潘老关心青年教师的成长

尼雪巧

潘老一生献身教育事业，特别重视教师队伍的建设，重视图书馆和实验室的建设。他经常深入基层，走进师生中间，进行调查研究，指导工作。下面我要说的是亲身经历的一件事。

20世纪70年代末，我在数学教研室工作，学校为了尽快提高我们的业务水平，安排我们脱产进修学习。当时除了跟老师听课外，复习、作业都是自己课下进行，由于时间紧任务重，加上家里的地方窄小，周围环境不安静，我们把学习的地点选到了离家近的南院图书馆阅览室。一天潘老来图书馆调研，看到在阅览室学习的我们，开始并没说什么。到了十点多，当潘老即将离开图书馆回院部时，看我们还在那里坐着学习，就走了过来，微笑着告诉我们："学习要注意劳逸结合，不能一坐就是半天，中间一定要活动活动，调整一下体力；

目视远方，调整一下视力，才能有好的学习效果。”潘老的寥寥数语让我们心里暖暖的，感动万分，一直记在心里终生受用。直到现在每当谈起潘老，他老人家爱护我们的声音就会在我的耳边响起，我就会激动不已。

在我的眼里，潘老是领导，把学校的大事小情都装在心中，并为之奋斗；他又是和蔼可亲的长者，呵护青年教师健康成长，我们都很敬重潘老。

（尼雪巧：原科研处正处级调研员、讲师，2006年退休。）

潘承孝老前辈值得我们学习

朱述曾

“文革”中，原机二系铸造教研室为了保护潘老，在南院教研室开了学习批判会，把潘老请到南院，系领导叫我一人单独陪他学习。

潘老不卑不亢不摆架子，尽管我只是一个没有任何头衔的普通教师，但他仍然仔细听我说话。尽管他说话很少，可对铸造专业半工半读却赞不绝口。他说：“半工半读一直是我们学校工科专业的教育方向。过去工科专业教学中也有三次下厂实习，混一个三级技工称号有什么用？关键是要培养理论联系实际的能力，提高解决生产中遇到的技术难题的能力。”

谈到其他工科专业难以效仿铸造专业时，潘老说：“半工半读是工读的形式之一，只要能做到教学、科研与工业生产相结合，学以致用，不论何种形式，都应该鼓励。半工半读有广阔的发展空间，也应把科研适当地

潘老看望食堂职工

结合进去，像师傅带徒弟那样。”

这次与潘老简短的学习交流，给我最大的感触是知识无国界，但知识分子有祖国。

当时为了想深入谈谈，我竟然提了一个犯傻的问题，我说：“为什么技术难题要在现实生产中找？”没想到潘老是这样回答的：“这是个立场问题啊！宁愿为外国豪华轿车锦上添花不愿为国产动力机雪中送炭？”

见我半晌没回答，潘老又说：“我是搞内燃机的，知道一个小小活塞环在机中的重要性。现在用的活塞环硬度过高又没弹性，封不住气，甚至划缸，漏油。希望你们铸造行家出手相帮。”

我脑子开始飞快思索：这是个活塞环材质问题，须做不同材质的实验，需开炉，但目前实验室正忙于生产……他看见我苦苦思索的样子，轻轻地说了一句：“小伙伴，我也不能太为难你了。”

事过境迁，随着时间的推移，很多事都暗淡了，唯独活塞环总在我脑海出现，总想力所能及地做点什么。通过对好坏活塞环端面的金相显微组织分析，终于找到了判断其性能优劣的依据。这就是搞活塞环金相图谱的初衷，很明显，没有潘老的谆谆教诲就没有这一册图谱。

潘老老骥伏枥，志在千里，强国壮心不已，永远是我们后辈学习的榜样！

（朱述曾：原材料系副教授，1997年退休。）

我心中的潘老

潘蓉芬

潘老是我们河北工大的元老之一，他一生兢兢业业为教育事业而忙碌，尤其在恢复重建河北工学院（河北工业大学前身）初期，一方面天津大学教务长的职务尚未免职，他还必须继续做好领导工作，另一方面，更要忙于各种筹建工作，特别是为建一个雄厚扎实的教师队伍而辛勤工作。当时的条件十分困难，教师人才很缺，除积极去聘请外校一些教授和争取应届大学毕业生分配名额外，仍不能满足一个初建高校对师资的要求。潘老没有坐等，而是发挥主观能动性创造条件，力争靠自己的力量培养一批新生力量以补充这个不足。他努力争取到从就读天津大学的在读应届毕业生中，抽调出一部分学生分配到河北工学院当教师。行政的调动分配只是第一步，如何把这批在读学生按需求培养成一个合格的优秀的教师，潘老花费了极大的心血和精力。首先，潘老分别与各系、专业的领导结合各自的实际对这批青年教师逐个分析研究制定培养计划，并亲自监督检查执行情况，碰到有困难就帮助解决。他把培养这些青年教师作为头等大事来抓。

我记得当时分配到电机系的有沈海根、潘蓉芬、彭国沛和梁光华四人，由于我身在其中，体会更为深切。在我们来学院报到的同时就已派有关教师到一些名牌大学联系，争取代培名额。因此，不久之后我就和沈海根去清华大学电机专业代培，彭国沛和梁光华去西安交通大学电器专业代培。

当时代培方式可以有两种，一是以教师身份进行代培，即直接参加电机教研室的教学、教研等活动，由代培学校老师进行传帮带，学习教学手段和方法；另一种是作为一名普通学生的身份插入电机专业学生班，参加学习、考试和一切活动。当时潘老决定采用后一方式。他认为要培养出一名合格的优秀教师，必须先做好一名标准的好学生，抓好学习，打好坚实的基础知识，这是基本的也是首要的，至于教学手段和方法可以从以后的实践工作中逐步积累和提高。我们就在潘老的这种指导思想下转变成一个带有任务和目的的新学生投入到新的学习。在学习过程中，差不多每学期结束时，潘老再忙也会抽时间约我们聊天，了解学习情况，包括学习内容、学习成绩，询问有什么困难。一次，当了解到由于专业的变化（由自动化专业改为电机制造专业），有的课在天大没学但在清华却已学完的情况时，潘老除深切地鼓励，同时也要求我们通过自学补上去。并教我们在有困难时主动去找任课老师帮助，争取给我们辅导答疑。最后通过努力和任课老师的帮助，我们最终补完了这门课程，而且通过了专为我们安排的考试。这时我们高兴，潘老更高兴。潘老以他一丝不苟的精神激励着我们，帮助我们成长。他要求我们用严格又踏实的学习态度对待学习，使我们这批青年教师逐渐成长为工大教师队伍中的骨干。一位父亲关心自己孩子的成长还不一定有那么认真、细微，而潘老、一位院长孜孜不倦呕心沥血地关心帮助青年教师，不要忘记，他关心帮助的不是我一个，两个，而是一批几十个呀！这归功于他的人格力量，对教育事业的敬业精神，对青年教师的爱护和悉心关怀。这点我们永远不会忘记也不可能忘记。

潘老，您永远活在我们心中。

（潘蓉芬：原电气与自动化系教授，1997年退休。）

高屋建瓴 提携后学

杜佩衡

潘老是河北工学院恢复重建后第一任院长，他在河北工学院复建后呕心沥血奋斗几十年，为河北工业大学（河北工学院后来更名为河北工业大学）成为河北省唯一的“211”大学做出了重大贡献。

作为他（天津大学）的学生，我在河北工业大学工作的几十年中多次聆听潘老的教诲，今写出几件实实在在并历历在目铭记内心的往事，以示对他的感恩、怀念。

一

1978年，由化工部上海医药工业设计院负责组织编写的化工部《化工设备设计全书》，其中《塔设备设计》一书由河北工学院、天津大学、兰州化学工业设计院、化工部第六设计院等八家单位负责编写，我校委派我参加此书的编写工作。由于这一“设备设计全书”乃是新中国建国后首次编写的设计全书，工程浩大，各参加单位均十分重视。

这是一项在国内外化工设备设计方面十分重要的战略性工程，我参加此项工作，感到责任重大，这是代表河北工学院化工系的一件大事。接此任务后，我从各个环节、多个侧面进行了尽可能详细地准备，并且想到应向潘老请示，请他从全局性、战略性方面予以指导。于是我专门找到潘老，并将自己想到的以下的问题逐一请示潘老。首先，要敢于、勇于承担此一重任；尽可能搜集相关文献与资料；抱着十分虚心的态度向参编各单位好好学习、请教；同时在积极参与合作中，表现出既虚心又自信；积极主动，勇于承担交给自己的编写任务。总之要体现出谦虚谨慎的态度，展现“河北工学院”教师的风范。在会议讨论中，要敢于发表自己的意见、看法与见解。

与潘老相约好的这一天，潘老热情地接待了我，他对我能参加这次编写工作，感到十分高兴和欣慰，对我表示祝贺。他指出这件事对河北工学院而言是一个重要的机遇，要求我应从战略高度与视野加以充分应对，为扩大我们河北工学院在国内的影响，一定要抓住这一机会不放手，充分发挥我们自己的潜力与优势。同时，潘老对我的准备工作逐一进行了详细的讨论与分析，鼓励并相信我一定会为国家化工设计做出贡献，并为河北工学院争光、争誉。

此书编写工作于1988年在上海医药工业设计院召开了第一次筹备会议。第一天会议上有一位同志首先发言，我认为他的发言有些观点有明显的错误，我在会议结束前，最后一个发表了看法与意见，事后受到会议主持人及其他与会者的赞赏。会议结束时的结论对我的意见全面采纳，并且要求全书的符号编写工作（规定）由我负责。

由于上海召开的第一次会议上，我参与活动的情况，受到会议主持人魏兆灿教授的认可，1989年在广西南宁召开的第二次会议，即第一次审稿会议上，只有我负责的“塔设备化工设计”与天津大学负责编写的“博雅塔设计”两章的编写在会上获一致通过。在这次会议中，负责《塔设备设计》一书的编委为华东化工学院的琚定一教授与化工部兰州化工设计院张冠亚总工程师。此次审稿会议中张冠亚总工程师代表琚定一教授找到我，要我为《塔设备设计》一书“统稿”（后来出版此书时标明“统稿者”即成为本书的主编）。现在《化工设备设计全书》在不少高校图书馆、设计院、研究院广泛使用着。

二

《天津大学学报》1982年第四期上发表了我的一篇

论文《物系表面张力梯度对板式塔操作状态的影响》，署名作者为杜佩衡、王绍亭（天津大学知名教授），当时像这样的情况是很特殊的，一般只发表天津大学的教授、教师的文章，所以这一文章的发表是一个特殊案例。

本文介绍了采用板式塔对混合液进行分离时，在汽液两相接触过程中，轴向（沿塔高）表面张力梯队的变化对泡气及液滴稳定性的影响，这种影响与相接触表面的大小、更新以及操作状态的优劣均有很大的影响。并据此对板式塔操作状态的确定提出了建议与联想。

在此论文成文之前的几年中，我遍览了日本学者在《化学工学（日）》《化学装置（日）》《石川岛磨技报（日）》及《*The Chemical Engineer*》《化学工程》《化学工程师》等著名学术刊物上的相关文献，觉得可以有某些科学性论点值得加以探讨，甚至可以做出进一步的推广与发展，但是由于教学工作十分繁忙，始终无法沉下心来长时间系统地思索，拿不出比较深刻而又比较系统的科学理论观点分析和看法。

由于这些想法总时不时地出现在脑海中，无法释怀，终于在某一天夜里突然做了一个梦，我长期思考始终没有的结论，这时终于有了“解”，我一觉醒来拿出铅笔将此梦境草草写了下来，而后用了几天时间加以系统、归纳、提升，最后以“筛板塔操作状态的确定原则及几点联想”为题写成了一篇科学论文。这是两年多深入不断进行思考的结果，令自己十分兴奋。在兴奋之余，我决定以科学论文的形式加以发表，由于当时我还只是一名讲师，没有什么知名度，而我认为这篇论文具有相当的力度与深度，所以想投天津大学学报发表，遂去面见天津大学王绍亭教授，请他予以批评与指导。可我没有想到的，王教授对我这篇文章十分感兴趣，提出要与我合作在《天津大学学报》发表，他与我联名发表一事我毫无思想准备，当时颇为犹豫，于是我找到潘老，请他予以定夺。潘老听我谈及此文章的前前后后，也觉得有些唐突，但潘老转而笑笑说：“老杜，就照王绍亭教授的意见办吧，反正第一作者是你杜佩衡，王绍亭是第二作者，这更会使你的文章增加了权威性……”于是由王教授出面运作，此文章很快就在1982年第四期发表了。此文发表后引起了化学工程界的重视，其中合肥工业大学范文亢教授的两名博士生就以我的文章作为依据做了博士论文，后来发表在《化工学报》上。

三

1994年，天津市委、市政府决定重奖科技人员重大科技成果，这是首次对天津市重大科技成果予以重奖，也是首届“天津科技兴市突出贡献奖”，原计划10名，以我为第一完成人的“新型垂直筛板技术在天津大沽化工厂聚氯乙烯工业应用”荣获此奖，奖金为10万元。此奖一共评了9名，我以高票获得此奖，是天津市科技成果特等奖。获此奖让我感到十分高兴，这在河北工业大学是第一次，得此大奖后我到潘承孝老校长那里进行了汇报。

那天我抱着荣誉证书去见潘老时的情景，至今让我难忘。潘老见到我及获奖证书时显得十分高兴，他紧紧握着我的手，对我说：“你获此奖，实在了不起啊！这是我校迄今获得的最高奖项，十分荣耀，我这颗老人的心感到无比激动，无法平静。”他还勉励我再接再厉，争取取得新的成果。在十分激动之余，潘老叫来校办的张庆海同志，请他为我们（由我和潘老抱着获奖证书）照相合影留念。这一天潘老十分激动的音容笑貌，20多年来始终萦绕在我的脑海里，并有一种强大的力量推动着自己，激励着自己，无法忘怀。

（杜佩衡：原化工学院教授，2004年退休。）

在开学典礼上聆听潘老讲话

宋玉贵　孟宪芬

1965年秋季开学，我们肩负着党和人民、老师和家长的期望，怀着激动的心情，从县城中学来到天津工学院。面对陌生的环境，自己能否适应大学生活，能否较好完成大学的学业，应怎样学习和生活，诸多问题在头脑中一片茫然。开学典礼上潘院长的一番讲话打开了我们的心结，为大学生活乃至人生指明了前进的方向。

潘老的讲话有三部分内容给我们留下了深刻的印象。

一、大学生要坚持坚定正确的政治方向，走又红又专的道路

他谈到，“红”就是爱祖国、爱人民、爱党、爱社会主义，有政治觉悟；“专”就是要有真才实学，学好专业知识，掌握为人民服务的本领。红和专、政治和业

务是对立统一的，是相辅相成的。政治是主要的，是第一位的，好比汽车的方向盘和发动机，保证方向，提供动力，一定要反对不问政治的倾向。但是，专搞政治，不懂技术，不懂业务，什么都不会，也不行，拿什么去为国家服务呢？红不就成为空话了吗？要又红又专。他还引用了陈毅同志在对北京市高等院校毕业学生讲话中的形象比喻说：“比如一个飞行员，如果不强调政治，对他不进行政治教育，他对祖国和人民没有感情，没有起码的社会主义觉悟，一起飞他就飞到敌人那边去了，你怎么能让这种人驾驶飞机呢？因此，要对飞行员进行政治教育，使他具有为祖国、为人民服务的思想，坚决拥护我们党的领导。但是，有另外一个飞行员，上述问题都解决了，绝不会飞到敌人那边去，他抱定为保卫祖国而牺牲的决心，然而他的技术不行，一起飞就被敌人打了下来，像这样的飞行员，那又有什么用呢？因此光有技术没有政治不行，光有政治没有技术也不行。所以要又红又专。”

二、要注重基础理论、基本知识、基本技能的学习和训练

潘老强调，数学、物理、化学、哲学、外语等基础

理论课不仅是为后续课程的学习奠定基础、丰富知识面，更重要的是培养和锻炼抽象概括的能力、逻辑思维能力，发现问题、分析问题以及解决问题的能力，是日后从事科技工作、科学研究工作的重要基础。基础厚，有后劲，基础理论、基础知识要广博，专业知识和技能要精深，在对基础理论基本知识理解和掌握的基础上，要加强实践能力与试验技能的锻炼和培养。工科院校是工程师的摇篮，学习和掌握基础理论、基本知识、基本技能对未来的发展具有深远影响。

潘老还要求，大学一年级新生要学好外语，这是重要的语言工具；要学会使用计算尺，有比较熟练的运算能力；要学好制图，制图是工程技术人员必须掌握的技术语言，要具备视图、画图的能力和空间想像能力，掌握和领会画图及读图的基本原理和方法，特别是标注尺寸要精心，标注错了会给生产造成困难或重大损失，要养成认真负责的工作态度和严谨细致的工作作风。

三、要积极参加体育锻炼，强健身体

潘老说，大学生毕业后要健康地为党和国家工作50年，如果一个毕业生走出校门就进医院的门，是个人的不幸也是国家的损失。他要求大学新生要养成良好的生活习惯，不仅要上好体育课，还要积极参加课余体育活动，有一个强壮的体魄，等等。

潘老的讲话从成长道路到学习过程的细节给我们上了大学新生活的第一课。在大学的学习生活中，我们按照潘老的要求，政治思想上要求进步，积极靠近党组织，学习毛主席著作；学习上勤奋努力，特别是学制图，开始建立不起空间概念，就利用周日时间，照着模型反复练习，最终较好地完成了水龙头的装配图作业。在金工实习中，掌握了车、铣、刨、磨、钳的基本工艺，还制作了精美的小榔头；生活上同学们学习雷锋、互相帮助，勤俭节约；加强体育锻炼，坚持每天早晨跑步，课外打篮球、排球、射击、滑冰等活动。潘老的讲话不仅指引我们顺利地度过大学生活，以至在毕业留校后，我们能够始终坚持在政治上与党中央保持一致，认真负责地努力做好本职工作，在做学生工作中，用潘老的教育理念引导学生全面发展，健康成长。

潘老的讲话是享用一生的精神财富，终身受益！

（宋玉贵：原社会科学部教授，2006年退休。孟宪芬：原计算机学院党总支书记、副教授，2005年退休。）

潘老对我的教诲

孙家文

潘老是一位德高望重、深受广大师生员工敬重的人。他经常深入基层与同志们谈话了解情况。他的平易近人，谈话时表现的亲和力，在广大师生员工中是有口皆碑的。所以大家都愿意和潘老交谈。

潘老离开我们已多年。在同潘老的接触中，有两次倾听潘老的教诲，仍记忆犹新。

一、总务处的工作是办好学校、教书育人的重要组成部分

有一年在石家庄河北师范大学召开“河北省高校后勤管理工作研讨会”，主要内容是讨论如何提高高校后勤工作的管理水平。会议就如何提高河北省高校的伙食质量和炊事员的烹饪水平进行了讨论。

当时潘老正在河北省开会。会间我去看望潘老，潘

老非常高兴，问我：你在师大开什么会？我把会议内容向潘老作了汇报。潘老听后，连声说好，好，提高总务工作的管理水平是迫在眉睫的大事，要下决心把师生的伙食搞好，民以食为天么。潘老接着说："不能轻视总务工作，总务工作哪个环节出了问题，都会影响到教学工作，总务工作也是办好大学教书育人的重要组成部分。"

听了潘老的教诲，一直激励着我努力做好总务后勤工作。

二、人可以改变环境，环境也可以改变人

记得在1985年的春天，潘老到总务处办公室。当时我正和办公室的几位同志谈工作方面的事。临走时我送潘老，潘老问我："你有忙着要办的事吗？"我说："现在没有。"潘老说："你跟我到校园转转。"当时我明白了，潘老是为校园环境问题来找我的。随潘老走到开水锅炉房前停住了。潘老对我说："你看这地方，又脏又乱，有的同学打开水或洗碗时，向池外乱泼乱倒，冬天结冰有一尺多高；天暖和时，路面泥水一片，很难行走，这样下去，对谁都不方便。想点办法，把路面清理一下，再搞点绿化，改变一下周边环境。不打水，看着心情也是舒畅的。"

总务处的同志们，利用劳动时间将开水锅炉房前的路面进行了清理，绿化部门在开水房前的空地修了一片绿化带，四周用砖砌了一圈。环境有了明显改观，乱泼乱倒的现象也减少了。

潘老见到变化，很高兴，还特意到总务处对我说："谢谢同志们的劳动，环境变了，人的精神面貌也会变，这说明人可以改变环境，环境也可以改变人。从这方面讲，你们总务工作不也是在管理育人吗？"

通过这两次与潘老的接触，越发感受到潘老人格的魅力。工作中他不以校长的身份训示下级，而在布置工作时总是在启示对方、同对方商量，给人一种诲人不倦的亲切感。

（孙家文：原总务处党总支书记，1991年退休。）

怀念潘承孝先生

陈绶章

潘承孝老先生，大家尊称他潘老，离开我们已经有15个年头了。他一生从教，把毕生的精力都奉献给了祖国的高等教育事业，培养出了一大批国内外知名的专家、教授等科技人才，为祖国的建设和发展奉献了毕生精力，建立了不朽的功勋。

潘老先后在大学执教76个春秋，积累了丰富的办学经验，特别是办好工科大学的经验。他为河北工业大学的发展做出了不可磨灭的贡献。

他治学认真、从教严谨、朴实无华，具有着可亲可近的长者风范和完美的人格，是一位深受大家尊重的远见卓识的老教育家。在几十年的领导工作和生活中，潘老和蔼可亲，非常平易近人，没有丝毫架子。他和一般教工一样，住在学校分配的宿舍里。记得潘老是在丁字沽三段安岳15楼二层居住，我恰巧住在同一座楼的三层。每逢春节，高龄的潘老总是亲自到各宿舍楼层的教工家看望，问寒问暖，祝贺春节，年年如此。这让大家感到十分亲切，他是一位可敬可爱的领导和长者！

“文革”后，潘老虽然没有再担任学校的行政一把手，但仍然担负着学校的建设和发展的领导工作。潘老非常重视青年教师的培养和提高，为了尽快地培养合格师资，他为老五届毕业留校的青年教师组织了业务提高班，当时称为“回炉班”。当时该班的教学，缺少合适的教材，潘老就利用他以往的学生关系，从国外引进合适的教材，其中包括“高等数学”。他从美国麻省理工学院引进F.B.HILDEBRAND著《高等应用数学》后，遂组织班子进行翻译。当时潘老将这一翻译任务交给了我和张志强二人。在完成翻译任务后，还要求我们去北京联系高等教育出版社出版。潘老还为该书的出版，亲自写了译者序。并且适时地由马家齐老师给老五届毕业留校的教师开出了“高等应用数学”课程，满足了培训的需要。

在去北京高等教育出版社联系出版时得知，当时国家正组织翻译出版一批高等学校用书，是按邓小平同志指示进行的，由各驻外使馆挑选后装箱寄回国内，并组织翻译出版发行。当我们将该书译稿送至高教出版社后，他们将该书列入了该社的翻译出版计划。这说明，潘老选用此书是独具眼光的，符合国家的要求。为了赶上全国教学的时间安排，出版社特决定将该书分上中下三册出版，上册于1979年9月出版。

河北工业大学发展至今，成为国家“211工程”重点建设学校，这是与潘老的正确领导决策和长期呕心沥血的努力分不开的。可以说，河北工业大学的每一步建设和发展，事情不分大小，处处都和潘老的真知灼见、无私奉献有关。潘老的一代师表的光辉形象和不可磨灭的巨大贡献，将永远铭记在河北工大师生的心中。

（陈绶章：原机械二系教授，1990年退休。）

回忆和道歉

海德利

内燃机分为汽油机和柴油机。汽油机是用火花塞将气缸内的汽油和空气混合气点燃作功的发动机；柴油机是用高压油泵经喷油嘴将柴油喷入气缸内自燃作功的发动机。在第二次世界大战时，美军将柴油机另加上一套汽油供给和电点火系统，形成了起动时为汽油机、正常运转时为柴油机的双燃料发动机，以适应严酷的战争环境的需要。

从1964年开始我就在潘老领导的科研组工作，多年受到潘老的指导，使我受益匪浅。可是在“文化大革命”的1968年，我参加了驻校的工宣队导演的一幕闹剧，让我也扮演了一个不光彩的角色。在南院操场举行的批判“反动学术权威”潘老的大会上，工宣队让我“反戈一击”批判尊敬的潘老。我边发言批判，边看着七十多岁的老院长，看到他眼光平视像雕像般地伫立不动，心里很不是滋味。在结束发言经过潘老时，我惭愧地说了声“对不起!”，他好像没听到似的没做任何反应。

在接下来的小规模的现场批判会上，工宣队让人把潘老领到内燃机实验室的一个实验台前，让潘老看那台美军发动机，问他这是柴油机还是汽油机？在这突然袭击面前，潘老表现得很镇静，他围着这台发动机转了转，仔细地看着每一个部件。大约十分钟，他指着化油器和火花塞说，这是典型的汽油机结构；又指着高压油泵和喷油嘴说，这是柴油机的供油系统。又过了不到两分钟，果断地指着气缸盖上的一个手柄说，这就是用来变更气缸压缩室容积的将汽油机运行转变为柴油机运行的操纵手柄。好极了！潘老以丰硕的专业知识做了精准的回答，在场的人都以沉默表达赞许，批判会草草收场。

整整五十年过去了，我现在已经八十一岁，想想在那些心灵扭曲的日子里我所做的一切，真是无地自容。在这里用迟来的道歉表达我对潘老的尊重吧！

（海德利：原动力系副教授，1997年退休。）

终生难忘的潘老

李雪祥

潘老离开我们已经15年了，我很怀念他。因为他曾经给了我很多鼓励和帮助。

一、潘老帮助我如何当好教研室主任

“文化大革命”中，随着工农兵学员不断进校学习，有关教研室逐渐被恢复重建起来。1970年金属工艺学教研室恢复时，因老主任王万铭已调离学校去了广西，机械系安排我当临时负责人，后来院革委会正式任命我为教研室副主任。教研室设在机械系教学楼一层，原作传达室的一间小屋里。当时，潘老在校科技情报室上班，地点在机械系教学楼的二楼中厅。潘老知道恢复金属工艺教学后，时常到楼下的小屋里与我谈话。当时，我不知如何当好教研室主任，潘老说：“抓教学质量、抓科研水平、抓教师之间团结，这三件事很重要，这三件事做好了，就是一位合格的教研室主任。”在以后的八九年里，我校金属工艺教学提升很快，受到兄弟院校称赞。1980年教育部在长沙召开了“全国金属工艺学教学经验大会”，我校被大会确定为大会发言学校，与清华、上海交大、哈工大等名校一同登台交流经验。我校经验获得大会一致好评，认为有许多地方值得学习和借鉴，会后有不少兄弟学校来我校交流参观。

为了进一步提高金工教学质量，潘老在自己办公室内召开加强金属工艺学实习的会议，燕杰副院长、洪泽副院长、教务处马家齐处长、机械系主任杨学涵教授、教学秘书郝玉丽老师参加了会议。会上潘老说，金属工艺是一门理论紧密联系实践的课程，必须加强学生实践环节。会议还决定增加开设压力加工、焊接两工种实习。1981年，教育部在昆明召开金工实践会议，我校在会上展示学生进行金工实习时亲手制作的一把小榔头，又获得与会者的好评。

二、潘老鼓励我在教研室中开展科研工作

潘老对我说：“当教研室主任，不是重复一年又一年的教学组织安排工作，而是要提高教学质量，有自己的一套教学思考，有一本自己编写并能被兄弟学校接受

采用的教材和一份高水平的教学大纲，要达到此目的，抓教师的科研工作是最好的办法。科研促教学是一条有效途径，科研出成果，就可以更新教材，科研获好评，学生在课堂上学习情绪就会高涨，整个课程建设就会见效。”

潘老不但这样说，而且经常到实验室与进行科研工作的老师谈心，了解有关情况，并帮助解决科研工作中遇到的困难。潘老还鼓励说，要多关注社会，为工农业建设做贡献。在潘老的鼓励下，我们教研室为社会做了多项有益工作，例如，将编写材料汇集成书，出版后指导生产；又例如，接受一机部委托，举办短训班，培养技术人员。

三、潘老重视校园建设

1983年后，我被任命为学院副院长，主管后勤工作，办公室与潘老的办公室相邻，接受潘老对我的帮助和指导的机会更多了。潘老对我说，学院的校园建设很重要，它有很深的含义。学生是一棵树，培养学生就是在种树，种一棵像松树那样的树，松树高大挺拔，所以校园要多种松树；学生是果实，是桃、是李，桃李满天下，所以要多种桃树和李树。还说，校园内还要多种海棠，海棠盛开时，花开满枝，娇艳大气。在潘老多年关怀下，校园建设不但含意深远，而且十分美丽，天津市园林委的一位处长来校检查后说：“扩大绿茵，以绿为主，不做人工造景，缩小反射面积，你们做法是对的。”

潘老晚年还在种松树，最后一棵松树是“白皮松”，种在院部实验楼的南侧，张胜瑕、马家齐、张闽、我与潘老曾在“白皮松”前合影留念。

四、潘老鼓励我学习外语

我的第一外语是俄语，学得还算满意，随着时间的发展，俄语不流行了。开始，心中没有想学第二外语的想法，潘老对我说：“你还年轻，再学不困难。外语是第三只眼睛，有了外语，视野开阔，办事学习都有帮助。”于是我又学起了日语。潘老又对制图教研室副主任李祖隆说：“你日语好，能说、能听、能译文，帮帮他。”这样，我的日文进步很快，提高很明显。三四年后，由于李祖隆有求必应无私帮助，我的日语翻译文章多篇被刊登在《铸造机械》杂志上，并被该杂志吸收为“翻译网”成员。后来，还被另一家出版社委托校对《铝钎焊手册》一书，并出版。

五、潘老关心学校后勤建设

1984年以后的几年，在一些学校中，学生因食堂伙食差，与学校发生矛盾。为了解决这一矛盾，省教育厅委托我校为全省高校食堂举办提高副食水平的培训班。在第一次“烹饪培训班”的开学典礼上，潘老被邀参加，并作发言。潘老说：“在学校中，教师是教书育人，各级干部是管理育人，后勤是服务育人，都是在育人，一样重要。没有食堂就没有饭吃，哪能进行三育人?”潘老激励培训班学员努力学习，掌握烹饪技术。“烹饪班”结束后，学员各自回到原来学校，食堂有了明显变化，以后他们都说，潘老的话对他们影响很深，至今不忘。

今年是我校建校115周年，在这隆重的日子里，我十分怀念潘老，感谢他长期对我的帮助和指导。

（李雪祥：原校工会主席、副教授，1998年退休。）

潘老多次对我现场指教

齐马战

潘老可谓一代宗师，是学校的奠基者和引航人。他培养了一批人，引领了一批人，奠定了河北工业大学的办学思想、办学特色，培养了优良的学风，成为引导全校师生前进的一面旗帜。

潘老一生从教七十余年，为我校、河北省乃至全国的教育事业做出了卓越的贡献；作为著名的内燃机专家，为我国的汽车、内燃机工业的起步和发展奠定了基础。潘老在我校的几十年中，呕心沥血、日夜操劳；礼贤下士、德高望重；光明磊落、顾全大局；深入基层、调查研究；治学严谨、务实创新；平易近人、和蔼可亲，是一位值得我们非常敬仰和怀念的老校长。

我1964年考入本校，毕业后留校任教，后来从事行政、党务工作，一直到2005年退休都没有离开河北工业大学，其间和潘老有过多次接触。

1964年9月初的一天，在南院礼堂新生开学典礼的主席台上，我第一次看到了早就耳闻的全国知名的内燃机专家、一级教授——潘校长。他个子不高，但他那严谨治学、发展教育的简短讲话却给我留下了深刻的印象。

毕业留校后，我在汽车教研室任教。1973年秋季，我在汽车实验室带学生做试验。一天下午，潘老转到南院实验室看了试验后对我们说："工科的教师不仅要有扎实的理论基础，还要多动手多做实验，加强实践环节，工、学两不误。"这是我第一次近距离聆听潘老的教诲。

1976年5月一天的下午，我正在南院指导学生上汽车驾驶课，遇到了潘老。他询问了开设驾驶课的情况，看了我们制定的汽车驾驶课的大纲、计划和要求，对我说："通过实际操作，可以熟悉汽车结构、了解汽车性能、知道怎样维修、改进汽车部件设计。另外，在院内上驾驶课要注意安全。"

1984年2月14日，我离开汽车教研室到总务处车管科做管理工作。4月底的一天，潘老来到院部车库汽车队，看到了墙上贴的许多表扬信和感谢信时对我说："车队不仅要保证领导安全正点用车，还要解决普通教职工急需用车。司机要服务周到热情、安全准时，这就能得到教职工的赞扬和好评。”

1990年9月下旬的一天，潘老看到汽车库有很多学生正分组围着各个汽车总成和零部件看时，便走过来。我向潘老汇报了我给汽车专业两个班在教室上完汽车结构理论教学课后，带着学生到我们自己开办建成的院部车库的汽车大修厂实习。潘老点着头说：“这样可以理论联系实际，看着实物，学得快、记得牢。你们自己建的大修厂对外修车既可挣钱，又可供学生实习，一举两得，好。”

1993年7月，我到总务处做管理工作的第三年，经过调研，对三段暖气不太热的居民楼暖气管道进行重新改造。潘老回家进楼门时看到后勤工人和工程技术人员满身泥水，对我说：“为了使职工冬天的暖气更热，这么热的天你们坚持干活，大家是不会忘记你们的，后勤职工是好样的。”

1996年我校进行“211工程”预审，学校校园环境得到了初步改善。初冬的一天，我正在查看院部灯光篮球场的修整工作，碰到了路过的潘老。我询问了潘老的身体后，潘老说：“我坚持走路锻炼，已经百岁了，身体还可以。你们把篮球场修好，让师生打篮球，进行体育锻炼。多开展体育活动和比赛，能鼓舞士气、振奋精神，能促进学习和工作。”潘老的这一教育思想使我2000年10月轮岗到体育部工作后，在工作实践中有了更深刻的理解和体会。

这仅仅是我和潘老接触印象较深的几次。自从1990年我由南院搬家到三段住后，经常碰到潘老。除了我每次主动抢先问候外，潘老总是微笑着点头示意，有时还问这问那。有一次问到我年龄时，他说：“你也属鸡，比我小四旬。你们年轻有为，要好好干。”平常他总是像老前辈一样，关心爱护我们。潘老态度谦和，平易近人，从来没有架子，全校的师生员工都发自内心地尊敬他、信服他、拥护他。和他见面、说话、接触，总觉得放心、开心、诚心。

（齐马战：原体育部直属党支部书记、高级实验师，2005年退休。）

潘老给我的帮助终生难忘

李俊喜

20世纪70年代初，一到科技情报室，就能看到一位体态矫健、目光炯炯的老者，他就是潘老。他严谨思考、斟字酌句、书写工整地精确翻译了一批批科技书刊，把这些宝贵的知识源源不断地转化为高端设备和先进产品，惠及亿万群众。这就是潘老所做的丰厚的、卓绝的、巨大的贡献。

潘老已年入古稀，但他仍像年轻人一样准时上班下班，抓紧分分秒秒，一丝不苟地完成各项工作。他遵照“科学家闲谈不超过三分钟”的教诲，从不闲聊耗时，似乎成为一部永不停息的平凡的工作机器，源源不断地把新技术新成果推向中国、推向世界。

潘老具备高尚的品德、儒雅的风范。他为人谦恭、礼让、宽容、和谐、诚恳。他身居高位，但却能服从领导的安排，默默工作，真正体现“我尽我力、我尽我心、不求名利、甘当人梯”的高尚品德。潘老热爱共产党、热爱祖国，对“文革”中受到的冲击能正确理解和宽容对待，始终坚信党的领导，把握正确方向，无怨无悔，奉献余热。

潘老的“严谨治学、严格要求”的双严理念，一直是我学习的座右铭。我一看到八旬老人在孜孜不倦地工作，就涌现出一股力量。我常向潘老请教翻译理论问题，潘老教导我：“翻译要遵照信、达、雅原则。信，就是对原文精髓准确的理解；达，就是在原文风格的基础上，准确表达原意；雅，就是译文要通顺流畅。不能直译也不能意译，直译会使译文生硬难懂，如把应译为“万里长城”的译为“中国的大墙”。意译等于重新编写，有失原文风貌，所以翻译是再创作的过程。”在潘老的指导与帮助下，我也做了一些译文工作，并发表在中国科技情报所的期刊上。

在生活上潘老十分简朴，总穿一身平纹布长衫和一双布鞋，居于不大的居所，不追求高干待遇。潘老教导我们：“健康是革命的本钱。”他注意锻炼，保持健康生活，享得人间难得的长寿——107岁！

（李俊喜：原理学院高级实验师，1995年退休。）

为人师表

潘老永远是我学习的典范

魏安赐

敬爱的潘承孝名誉校长已经离开我们十五年了，他老人家的音容笑貌、高贵品德和谆谆教导始终铭刻在我的心上。潘老的思想情操、精神境界和崇高风范，成为我永远爱戴和敬仰的世纪师表、时代楷模和恒久典范。

“三基”教诲奠定我成长的坚实根基

1964年春，在我校基础课教师大会上，潘老语重心长地指出：“在教学中要注意培养学生掌握“三基”，即基础理论、基本知识和基本技能。为此，教师尤其是青年教师，首先应该自身在“三基”上刻苦钻研、持续积累和反复磨砺，苦练基本功，打下深厚的根基和扎实的功底，才能在教学中厚积薄发、运用自如、丰满传授、精确解答，才能培养出优秀的栋梁之才，并为今后业务水平和教学能力的提高奠定坚实的根基。”

潘老这些饱含辩证唯物主义精髓的教学思想，成为我多年来高度重视和努力从事教学工作的指路明灯。遵照潘老的谆谆教诲，我在备课时，注意从不同版本的教科书、参考书和文献中，撷取各自的优势和独到的认知，博采众长，加以综合、归纳，渗透自己的心得体会和研究成果，撰写成讲稿；着重讲清基本概念的含义、性质、量度、分类，基本规律的内容、公式、实质、要点、条件、限度、应用；着力阐明对现象的本质、效应的机理、过程的详细情节、作用的结果的诠释。并且逐题做完习题集上的全部习题，总结出各种类型习题的相应解法，使自己在讲解习题课和辅导答疑时处于胸有成竹、挥洒自如的境地。为此，我通过阅读、思索、模仿、练习、试做和凝练，努力提高语言表达（口述）能力、文字表达能力（写作）和计算运作能力。如果说我在教学上做了一些工作，以致我在1985年获得我校教育研究、教学改革一等奖，1991年被评为全国教育系统劳动模范，1993年晋升为教授，2013年被评为河北工业大学教师楷模，2016年被评为天津市教育系统优秀共产党员，这都直接得益于潘老对青年教师满怀深情和厚望的谆谆教导的结果。

诗礼传家培育德艺双馨优秀子女

1981年，在北院（当时叫院部）校园里邂逅潘老，他问我：“你认识潘家齐吗？”我说：“认识，是我在南开大学的同班同学。”潘老说：“她也认识你。”

1955年8月，我考入南开大学物理系。我们班团支部宣传委员是一位女同学，她就是潘老的小女儿潘家齐同学。她的高考物理成绩达到90多分，是我们整个年级三个班的佼佼者。她勤奋学习、工作积极、品学兼优。当时，潘老任天津大学教务长，经济状况比较宽裕。但是潘家齐同学在生活上十分节俭朴素，甚至从来没有穿过花衣裳。她严于律己、宽以待人、诚恳热忱。1957年底，在我们班团支部的一次组织生活会上，有位团员对我进行不恰当的批评，而我又不便于澄清和表白。这时，潘家齐同学实事求是地主持了公道，在我的心底镌刻下终生难忘的记忆和由衷的感激。

1987年底，我校物理教研室一位南开大学物理系毕业的老同学，为了进行高温超导的实验研究，求助于当时担任南开大学电子科学系党总支书记的潘家齐同学，她立即跑前跑后、往返奔波，为这位老同学及时提供了他所需要的充分资料，使之圆满完成了科研任务，从而他顺利地晋升为副教授。

2003年12月28日上午，在北仓公墓潘老遗体告别大厅里，当我和站在家属行列中的潘家齐教授握手慰问时，她含泪哽咽地说："刚才我在外面找你。"在极度悲痛的时刻，她依然惦记着老同学。由于时间的仓促，我想安慰她的千言万语只能浓缩成一句："多多保重！"

潘家齐同学的崇高理想、敬业精神和高尚品德，是潘老言传身教、循循善诱的心血结晶，也是潘老高风亮节的缩影，更是我终生学习的榜样、楷模和典范。

晚霞璀璨胜似晨光 熹微绚丽朝霞

1980年7月，我当选河北省自然辩证法研究会常务理事、工业及工程技术辩证法研究组副组长，组长是当选该会副理事长的我院燕杰副院长。1981年7月，在北戴河举行河北省工业及工程技术辩证法首届学术讨论会。我们特邀当时担任河北省人大常委会副主任、省科协副主席的潘老莅临指导，并致开幕词。开幕前夕，84周岁高龄的潘老不顾旅途劳顿，召集我们详细询问了讨论会的议程、日程、文件和资料准备、会务工作、生活安排等事项，并指示：一要贯彻百花齐放、百家争鸣的方针，二要坚持理论联系实际，三要确保较高的学术水平，四要注重劳逸结合，五要精打细算、勤俭节约。正是由于我们把潘老的指示贯穿会议的全过程，才使会议开得比较有声有色，圆满成功。潘老的指示不仅适合于学术会议，而且是指导从事高等教育和科学研究的知识分子工作和生活的准则。

1989年2月5日大年三十这天上午，住在建设楼12号楼505室的我听到敲门声，打开门一看，站在门外的竟是92岁高龄的潘老。我连忙请他进屋，他说："不进去了，我明天到天津大学去，你们就不要到我家去了。我今天提前给你们拜年。"说罢，在范雅操教授的陪同下走出单元门。我深受感动，望着潘老的背影，眼睛湿润了。

我要永远以潘老作为榜样，学习他热爱祖国、报效人民的崇高情操，矢志不移、紧跟党走的坚定立场，严谨治学、与时俱进的科学精神，满腔热忱、诲人不倦的高尚师德，正直忠厚、诚恳真挚的优秀品格。

（魏安赐：原理学院教授，2003年退休。）

我与潘老交往的几点回忆

李增仁

德高望众的潘老平时对我们的教诲非常多，下面是我与潘老交往过程中的几点感受的回忆。

一、潘老对实验室的建设非常重视

1958年，河北工学院恢复重建，潘承孝担任首任院长，学校当时的条件很差，尤其在教学实验设备方面十分匮乏。

潘老根据实际情况，提出了艰苦奋斗、努力工作的指导思想。他向电系教研室和实验室提出五点要求：

1. 能做多少个教学实验，要结合本校情况，要有自己的特色；

2. 学生分组做实验，每组人数要尽可能少，人数多了，学生动手就少了，实验效果就差了；

3. 每班可以分两批，轮流做；

4. 购买仪器要考虑能重复使用；

5. 经费不足可先用我（潘老）的钱。

当时我具体管理实验室工作，潘老担任院长工作十分繁忙，但仍经常进实验室，与基层老师、学生交谈。潘老进实验室不是简单的视察看看，而是全面细致地了解实验室的建设情况和实验室其他方面的情况，为实验室的建设排忧解难，并提出了许多具有指导性的建议，对于实验室的建设起到了很大作用。潘老提出的建议细致入微，做什么实验，怎样做实验，都面面俱到。

在潘老的关心、指导与帮助下，学校实验室学习、工作氛围都十分融洽，学生们都得到了动手锻炼的机会。我校当时的实验方法兼具传统与创新，潘老更是做到了人尽其才。实验室的老师既有从清华大学分来的毕业生，又有从天津大学实验室“挖”来的技术人才。他们努力工作，并积极学习外校好经验，使实验室建设取得了很大成就。同时，实验室也培养出不少人才。

潘老十分重视学校的人才培养工作，尽管当时了解国外情况十分困难，但是潘老仍克服重重困难，积极了解国外先进技术。在潘老的影响下，全校上下形成了走出去、引进来的良好风气。当时，系和教研室领导安排我前往清华大学、天津大学等高校考察学习，看一看其他学校设备如何，实验如何，做什么实验，怎样做实验，等等。

潘老有针对性地对我进行指导，他曾向我提出，我们搞实验室在着眼于先进技术的同时，又要结合学校实际，根据学校自身的情况建设实验室，既要节约钱，又要出成果，要让学生得到收效，让实验起到作用。同时，实验室的建设不能固步自封，要按照发展的需要，融入新的思想、新的策略来建设实验室。

二、潘老对我们搞科研工作十分关心

“文革”期间，驻我校军宣队的领导陈长庆师长主抓我校科研工作，他组织电系、机械系、工厂等单位组成一个班子，全力以赴投入科研工作。并做出指示：“你们要集中力量搞科研，‘文化大革命’的有些活动你们可以不参加，要扎扎实实把科研工作搞好!”

在学校领导的支持下，我和其他同事克服困难，完成了“X51C可控硅机床”的研制，并参加了全国工业展览。

当时，潘承孝老院长还处于“靠边站”的状态，但潘老以国家为重、以学校为重，坚持深入科研一线，对我们进行深入细致的具体指导。潘老说：“你们要常去图书馆，多看看有关的期刊杂志，多了解一些国际上科技发展的情况。”

1969年，中苏关系紧张期间，苏联百万大军陈列边境。上级领导要求河北工学院派人参加改进坦克、装甲车的研制工作。学校委派我和校办工厂的腾兆功师傅前往边境，投入此项工作。

在大庆油田开发初期，钻油设备故障频出。油田相关部门了解到河北工学院设有研究机构，就希望我校能提供技术上的支持。校领导委派我前往大庆油田，投身钻油设备的改进工作。

我返校后向潘老汇报工作，潘老当即表示：“这个方向就对了！学校就应该多和外面的企业、工厂、部队、机关联系。”潘老告诉身边的人：“一个学校得有个样子，靠的就是他们（机关、工厂、学校、部队），我们决不能故步自封，要多和其他高校交往。不要只局限于自己手头的科研项目，学校外面社会上的单位找到我们，我们就要尽力去帮他们，这样就把学校和外面的单位都联系上了，要在为社会服务方面做一些贡献。”

在全国上下实行“备战、备荒、为人民”时期，我校被下令迁往河北邯郸，出于对科研工作的重视，有关领导决定将我所在的科研小组留在天津，继续从事科学研究。潘老得知后，沉思良久，坚定地说：“一定要把科研工作坚持搞下去!”潘老的一句指示虽然简短，但下面的同志心领神会，我和一同搞科研的李士芳、潘蓉芬、王海远等七八位老师，在陆业勤老师傅的组织下，暗暗下决心，一定要听潘老的话，努力把科研搞下去!

一直以来，潘老坚持高校要搞科研，他认为高校老师搞科研，对丰富教学内容、提高教学水平有着十分重要的作用。并指出搞科研要坚持正确的方向，出了科研成果，不要报喜就完事了，要多同社会有关方面联系，让科研成果能真正用到国家的经济建设、国防现代化建设上去，发挥有效作用。

三、生活中的潘老

潘老平易近人，从不摆领导架子，为人更是谦虚低调。住在潘老家附近的邻居，不论是学校的老师或是工人师傅，每年春节他都逐门逐户给大家拜年。有一年春节是个下雪天，潘老照样到各邻居家里拜年。

潘老到房振兴（一位八级老工人）家拜年时，房振兴的外孙女高兴地为潘老表演节目，潘老叫着孩子的名字，慈祥地拉着孩子的手哄她。平时，潘老在家附近遛弯时，碰到邻居家的小孩，也总是能叫出他们的名字，亲切地逗孩子们玩。潘老的穿戴十分简朴，过年时他也只穿着一双普通的大靴子。从衣着来看，他就是一位普通老人，丝毫不像一位老教授。

在养生方面，潘老是一个注意健康养生的人。他认为身体是革命的本钱，平日里注重饮食搭配，也注重锻炼身体。在潘老家中，留有多本关于饮食的书籍。当时，我爱人在天津商学院教授烹饪课，潘老经常就饮食方面的营养问题与她展开讨论。潘老一旦有饮食方面的问题时便来我家交流。我觉得潘老社会地位比较高，而且岁数大了，不便亲自来我家，便对潘老说“有事情就对我打声招呼，我们过去，您不用亲自来。”潘老怕麻烦别人，坚持亲自造访。

潘老和我聊生活中应注意的问题时，提到：

1. 别着急，别生气，要注意保护自己；

2. 多吃粗粮和新鲜果蔬，平时要注重锻炼身体，但不要过力；

3. 多去清洁卫生的地方，空气不好的地方要少去。

除了注意自身的卫生情况，潘老也注重校园美化，给学生提供良好的学习环境。我校恢复重建初期，学校的教学环境比较差，潘老号召广大师生积极搞绿化。一次闲聊时，我问潘老：“学校门口这些花是您主张弄的吗?”潘老说：“这是我提倡的，学校建设得美一些是理所当然的。栽花种树能提高校园空气质量，对师生的身体都有好处。”

以上就是我与潘老交往过程中的一些回忆。潘老在工作和生活中没有豪言壮语，但是他的“大音希声、大象无形”永远是我们的宝贵财富！

（李增仁：原社会科学部副教授，1997年退休。）

一代师表潘承孝的故事

夏巨敏

春风化雨

1978年1月，《人民文学》发表了作家徐迟的报告文学“哥德巴赫猜想”，陈景润的大名一时间几乎家喻户晓。此后那一两年间，《河北工学院学报》也曾不断收到外地作者寄来的攻破这某某猜想、那某某猜想的稿子。

一天上午，潘老拿着一封厚厚的信件交给我说：“这是某副省长推存的一篇稿子，能不能在学报发表，你慎重的处理一下。”我仔细看了一遍，原来又是一篇攻破某某数学猜想的文稿。除了稿件本文之外，还附有作者攻克这个猜想重大意义的说明。

我对这样的稿件处理过几件，大都是似是而非的作者自我感觉良好的稿件，经二审审查后都毫不客气地退稿了。多少年的世界难题哪能那么好攻破？还是请编委会的数学专家审查再定吧。

我先请编委刘文老师审查，他审查后写了一页意见，毫不客气地指出用初等数学方法不能证明这个“猜想”，何况明显地在证明中出现初等数学的错误。结论是不能刊载。当时根据潘老主持多次修改后定下的学报审稿规则是：稿件实行三审制度。一审肯定再二审，二审也肯定则可以刊载；一审否定也要二审，二审也否定则否定，不能刊载；如果一审二审矛盾，则通过第三审决定。此稿三审请编委杨国琛老师审查，他也仔细地审查，写下否定的意见。

我拿着作者原稿和二位编委的审查意见向潘老汇报，询问是否退稿，潘老微笑着说：“这是意料中的，你写个退稿意见吧，寄出前给我看一看。”

我按照通常的退稿规定写了退稿意见，并且抄了一段审查者的话，盖了编辑部的公章，准备潘老看后就寄出。潘老把我写的退稿信看了两遍，又看一遍两个编委的审查意见，然后对我说：“你再把信件修改一下吧，要客气一点。”我回到编辑部又把退稿信修改了一遍，还是说稿件没有通过审查等之类话。这次潘老看后没说话，停了一会说“先放这吧，我想一想再说。”可以看出潘老很慎重。

大概又过了两天，潘老让我到他那儿去。他笑着说："你看看我写的回信行吗？要是可以的话，你再抄一抄盖章寄出吧。我们是地方院校的《学报》，万一我们审查不妥别误了人家。"潘老回复中客气地知诉作者，我校是综合性工科院校，您的稿件不适于在地方性学报刊载，建议改投数学学报一类的数学专业性期刊。回复中表明了以下意思：

首先表明对作者的尊重；二是不伤害推荐者的好意；三是明确稿件不能在我校学报刊载；四是建议改投专业性数学期刊，可能还有发表的机会。

潘老的回复会使被退稿的作者感到舒服，说明的原因不伤害作者的自尊心。对潘老高超的处理方法，我真是心悦诚服，也受到了深刻的教育。办事不能一根筋，要达到目的或说明情况不是只有一种方法。我按照潘老指示圆满退了搞件。

潘老亲自动手撰写的文稿数不胜数，例如我起草的编辑部及编委会的职责、规定等七个文件，潘老都一字一字推敲，最后亲自抄写一遍定稿。他认真履行主编的职责，一笔一划工整的手稿展现了他的韬略、睿智和一丝不苟的资深学者的学术精神，用仁者之心影响着作者及广大教师认真钻研、坦诚授业的敬业精神。

这是春风化雨，润物细无声的。

古道热肠

1973年，在潘老、董春阳领导下的河北工学院科技情报工作搞得风生水起，有声有色。国家科委、中国科技情报所、一机部情报所、化工部情报所、轻工部情报所和天津市科委及情报所、河北省科委及情报所等都成为我们情报室几个人工作中所瞄准的场所，大量国内外新资料、这些部门最新交流来的国外样本、介绍国外新成果的电影拷贝都源源不断传到我校。

潘老对国内外成果展览特别感兴趣，每个展览必去，仔仔细细边看边研究。

那是一个乍暖还寒的春天，情报室组织几十名教师去北京参观机械工业展览。车库派出的是一辆大卡车，是我陪潘老一起去的。谁知突然变天，北风夹带着扬沙嗖嗖扑面。我因穿衣服较少冻得浑身发抖，鼻涕、喷嚏连连。因陪着潘老就勉强支撑着。进了展馆人多无风温度高还好些，几个馆总算看完了。

潘老招呼我说："老夏，你脸色不好，看得出是受凉了，你要和我一起走，我有办法。"他领我到西单一个饭店说："你什么都不用管，听我的安排。"他点了两个菜一个汤。服务员端上来热气腾腾的菜和汤，还没吃就感到舒服。这两份菜里有姜丝、辣椒、胡椒，几口下去觉得胃里热乎乎的，喝完汤后头上便冒汗了，精神体力很快恢复了。

潘老告诉我，以后注意要多穿衣服，一旦受凉要马上发发汗，阻止病势发展。这件事使我既感动又感谢，至今不能忘怀。

1973年深秋，我家从潘老楼上的8平米房子搬到楼下14平米的房间，因只有一个桌子一张床，没另外找人就自己搬家。潘老听到动静，也上楼来帮忙。我们坚决不让老人家搬东西，他看看实在插不上手，最后举着一个小闹表送到我的新房间，笑着说："看我搬来一个大件。"老人家的关心、热情、幽默，令我全家都很感激。

那年春节的大年初一，潘老一大早便到我家来拜年，弄得我真有些不知所措。没想到老人家这么早就给我们拜年来了，我有些不好意思，按道理我们晚辈应该先给潘老拜年的。一会儿，潘老说，他要马上到南大去，就匆匆告别了。

1978年深秋，北风渐寒，落叶铺地，已经82岁的潘老还是准时来到办公室上班，处理学术上的业务。学报的稿件在发表前他都要过目，再请林院长签字印刷。

一次，他忽然笑着对我说："老夏，我恭喜你呀！"

我有些愕然。他接着说："刚才我在学校门口见到你爱人，交谈了一会，我看她快给你生小孩了，这难道不是好消息吗？"接着询问我有什么困难，若需要他帮忙，让我别客气。我说她心脏有点病，一般医院接产有点风险，总医院转院较难。他马上表示他来解决。不久，他托人帮我解决了转院问题。

老人家治学上是优秀导师，工作上平易近人，生活上和蔼可亲。他谦虚诚信，古道热肠。

豁达乐观而宽容的老人

在"文革"中，潘老常被作为"反动学术权威"受到批判。一次批斗会后，天气炎热，他匆匆走在尘扬蝉噪的回家路上。新村市场正好西瓜上市，他急忙买了两个西瓜，用双手抱着，往家走。正好遇见了一个熟人打招呼，"潘老买瓜啦？"他从容回答："天太热了，凉快，凉快！""凉快，凉快"就在广大教师中传开了，暗暗赞赏老人家的豁达、宽容。

洒脱从容

潘老参加全国人大会议时，大家围桌用餐，潘老正津津有味吃着饭，忽然听到有笑声，抬头一看，在他的饭桌旁围着一帮人。里边一层是餐厅服务员，外层站着的是厨师，而同桌吃饭的人都早已经吃完走了。大家都觉得这个老头饭量大，不慌不忙地吃，真有意思。

潘老看了看围观的人，仍然不紧不慢地吃，任凭笑声不断，他神情自若地直至吃好为止。显现出洒脱从容的性格。

潘老饭量较大，民进支部给黎老（黎哲宏）、杨老（杨学涵）等老人过生日时，潘老对大肉、鸡腿都不忌口。他讲："人有自我需求和自我保护系统，当你想吃时就有需求的信息，可以吃。但是，决不能过多过量，要有节制。"那时，潘老已是耄耋之年，饭量却比我们年轻人还大。1980年我陪潘老在北戴河开会时，市总工会打捞两斤多一个的大海蟹，每人两个，他中午一顿都吃了，而我只吃一只就很饱了。潘老享年107岁，看来和他的豁达、乐观、宽宏不无关系。他多次参加天津民进大学工委活动，和大家一起在西双塘参观，在夏利汽车厂参观，在杨村农场看部队的特技表演，虽是八九十岁，甚至近百岁时，都是步履矫健。

文物情怀

潘老对文物很喜爱，对字画、碑文、古书版本都熟悉。一次，潘老听说古文化街我亲戚承包的文林阁书店，有一幅郑板桥的字，似乎是真迹，很高兴，要去看一看。当时就约定了时间，院办在车库定好了车。

出发时发现马家齐、林牧也在车上，他俩也感兴趣，陪潘老一起去。轿车在海河边停放，我们顺着胡同来到文林阁书店，在经理室观赏了郑板桥的书法。潘老看得相当仔细，并不断评论，同时观赏了一些古籍版本，如全套二十四史等。

“文革”中，潘老家被抄两次，有价值的物件几乎精光。一天，他拿来一个像小铜锅似的青铜器，托我去北京故宫博物院找熟人鉴定一下，看是何年代的物件。我去北京托人请故宫古代青铜器最权威鉴定专家鉴定，结论是辽金时代物品。潘老听后很高兴地说：“这是我唯一的了。”后来，他告我说，那物件最终给了朋友。

潘老告诉我，他最遗憾的一件事是：他曾保存了一件绝版的拓片。那是抗战时期，他随西北工学院伍院长去陕北考察时，在路上发现一个农民用来挡猪圈的一块石碑，虽然破烂不堪，但还能分辨清字体。仔细辨认后，他们大吃一惊，是一位历史上有名书法家的字，据说他的字早已失传，这个石碑已是绝无仅有的了。潘老用拓片拓下。后来，石碑彻底损坏了，世界上仅此一块，这个拓片也成绝版。“文革”中没能逃过厄运，这个国宝级的保存几十年的珍贵文物从此消失了。这是他最遗憾的。

鼓励专业教师深入社会

潘老一向认为，大学教师要面向社会，特别是工科院校教师更需要接触工厂、社会；各个学科要和行业学会建立密切联系。他本人就非常关心机械行业、汽车行业，也担任过名誉领导职务。潘老具有的前瞻性、务实性的思想，鼓舞了广大教师，使河北工学院成为最受欢迎的工科高等学校之一。

专业教师与工厂、与行业的联系在潘老倡导下越来越紧密。河北工学院展现出教学、生产、科研相互结合的活跃景象。

他听说化工系不少教师和化工部联系很密切，多次向我了解情况。当时，化工系许多老师与化工部及化工部下属的一些单位都有联系，如化工研究院、化工出版社、化工部科技情报所等。包文滁教授还带领着几个教师如丛津生、冯其标、张世平等，承担化工部有机原料处及化工情报所的许多情报工作，查阅文献、撰写综述、设备调查、生产工艺培训等等，很受生产厂欢迎，并曾获得化工部科技情报成果二等奖。化工部有机原料特别是重点产品苯酐情报站就设在我校。

1979年化工部和苯酐行业学会决定出版行业刊物《苯酐通讯》，编辑部由包文滁及科技情报室、化工系组成。当年出版了第一期试刊。以后办成了国内连续出版物，成为深受苯酐行业、增塑剂行业的研究、设计、生产单位欢迎的行业期刊。

一次，我把刚出版的《苯酐通讯》拿给潘老看，他高兴地给予肯定。我们正好需要一个权威题字，就请潘老题字。他毫不犹豫提笔写了“发展苯酐化学，开发信息资源。潘承孝”，刊载在封面上。

（夏巨敏：原校学报编辑部主编、副编审，1999年退休。）

潘老平民化作风琐事

钱　立

1958年河北工学院复建，潘承孝教授由天津大学教务长调任河北工学院院长。一起调来的王董豪、佟明达、杨学涵等任系主任，薛光燕、陈家征、钟兴锐、郑恩德等任教研室主任。当年，分配来约20名大学毕业生，其中天津大学的占一半。

这里记述复建初期，潘老平民化作风的几件琐事。

一、一起过中秋节

1958年的农历八月十五，潘老约天津大学、清华大学和东北工学院分来的部分新教师一起过中秋节。当时，潘老已是花甲之年，德高望重，开始大伙很有些拘束。潘老平易近人，聊家常，很快就使大伙活跃起来。知道我是无锡人（潘老是苏州人），问起了家乡的情况，还问到了钱伟长（原清华大学教务长）的近况。

散席前，潘老语重心长地鼓励我们："要勇挑重担，一起尽早把河北工学院建设好。"

二、大力启用年轻人

不久，马振河、殷增渭和赵灿祺等被任命为教研室负责人。

河北工学院重建后定址在天津机器制造学校（今北院）。天津机校是机械工业部面向全国招生的重点学校，那时尚有两届学生在读，腾不出教室和宿舍。我所在的机电系借住天津大学六村，并由天津大学老师兼课。

《金属工艺学》课程，由于"大炼钢铁运动"，天津大学的任课教师都去"前线"建炉了，临时决定由我顶替。经一周备课，火速上马，学生反映较好，期末被评为先进，提前转正。后来，我还被指派到杨柳青内燃机厂，任光学机制专科班的毕业设计指导老师。

潘老说，年轻人有朝气，框框少，敢于担当。不拘一格启用新人，在教学实践中锻炼成长是个好办法。

三、关心校容校貌建设

机电系由天津大学迁回丁字沽，潘老也搬了过来，每天清晨潘老都来学校遛早。他十分关心校容校貌的建设，一进门的“小花园”就是按潘老的主意设计的，还改造了花窖花棚，留用了老花匠。

附属工厂的化铁炉原本敞口排烟尘，火花冲天，并且还是人工走梯投料，工作环境十分恶劣。根据潘老的指示，拆除了旧炉，盖了铸造工棚，改善了学生示范实习的条件。

四、课堂听课

进校门，南侧为行政楼，北侧为机电系教学楼。潘老常去课堂听课，有时为了不增加青年教师的思想负担，潘老就在走廊里游走，体察教情，督导教学相长。

由以上琐事可知，潘老为了河工复建是多么呕心沥血，他是我们尊敬的长辈，身先士卒的领导。

（钱立：原材料系教授，1997年退休。）

我所了解的潘老

杜宝泰

从20世纪六十年代初开始，我便在潘老领导下工作，共计36年，从潘老身上学到了许多东西。他治学严谨、工作敬业的精神令人敬佩；他襟怀坦荡、不图名利的高尚品德是人们学习的楷模，是我永远学习的榜样。潘老可颂可书的事迹颇多，这里介绍的仅是几个小片段。

一、我与潘老的情缘

缘分从这里开始。1956年，我就要从天津四中初中毕业，毕业后干什么，是就业还是上学？父母在这个问题上产生了分歧。因当时家里经济状况不好，母亲主张我去工作，而我个人愿意继续读书，父亲同意了我的意见。我考虑家里条件不好，能管吃管住就行了。因我属于保送，当时可选择的学校有三个，听一位老师说，天津机械制造学校是中央部属办的，条件比较好，因此就选择了该校。

学习两年后，1958年，国家教育大发展，河北省委、省政府决定恢复重建河北工学院。由原天津大学教务长潘承孝任院长，并决定将天津机器制造学校并入河北工学院，并补充师资力量。我们在校生延长一年学制改为大专继续就读。至此，我便成为潘承孝院长教诲下的学生，也与潘老结下了一生的情缘。

续读两年，1960年毕业，根据学校发展情况和需要，我被留校工作，不久调入院长办公室做文书工作，正好在潘老直接领导下，缘分就从这里正式开始了。

潘老是一院之长，主持院长办公会，又主抓教学，还要主持教务会，研究安排学校工作，会议较多。我经常为这两会去做记录，平常送发文件，几乎天天与潘老接触。这样日复一日，年复一年，如此忙碌着，潘老和蔼可亲，办事认真负责的精神从那时起就给我留下了良好的印象。

潘老改任名誉院、校长以后，虽不主持主要工作了，但社会活动很多，潘老在政府、社会团体等部门兼任多项职务，除全国人大代表外，还任河北省人大常委会副主任、河北省政协副主席、河北省民进主委、民进中央常委、民进中央参议委员会副主任等。潘老经常外出开会或参加活动，校办公室需要派人陪伴，因此，我多次被派去陪伴参加多次活动和会议。我曾陪潘老参加过全国人大六届二次会议、中国机械工程学会常务理事会议，以及河北省人大、政协、民进会议等等。

根据学校的统一部署和要求，各单位各部门要把“文革”前后积压多年的文件、材料进行全面、彻底清理，我为潘老清理了积压在箱柜多年的文件材料，该归档的归档，该处理的按手续要求进行处理。当学校决定编写《河北工学院院志》时，我参加了基础编写工作，是编修组组长，潘老是编辑委员会顾问。潘老十分关心、重视和支持该项工作，对《院志》的文稿亲自过目，修改审定，亲自为《院志》书写前言，还亲自为该书题写了书名。

1996年初，潘老已是百岁，在教育战线耕耘已达70周年。为庆贺潘老70年来在国家教育事业上取得的巨大成就，天津市在天津宾馆召开“祝贺潘老百岁华诞暨从教70周年庆祝大会”，并邀请国家有关部门领导、社会各界有关团体负责人和河北省、天津市高校领导以及国内外潘老培育的成名学生参加大会，我校领导和师生代表与会同庆。我有幸参加接待工作，提前居住在河北省驻津办事处，负责接待国外、香港和国内远道来津参加庆祝大会的有关领导和人士。

1997年初，突然听到一个不好的消息：潘老患了重病住进了医院，神志昏迷，虽经多年的治疗，终未能挽留住潘老的生命，于2003年12月22日与世长辞，终年107岁。

从1958年做学生，1960年毕业留校，后又调到院长办公室，一直在潘老的身边，直接聆听潘老的教诲。可以这样说，从我工作之日起到退休前的36年，都是在潘老教诲、关爱下度过的。

二、满腔热情，为河北工学院建设和发展服务

随着国家形势的发展，教育工作也在迅猛发展。1958年7月，河北省委、省政府决定恢复重建河北工学院。时任天津大学教务委员会副主任和教务长的潘承孝受命为河北工学院院长，已经花甲之年的潘承孝异常激动，感慨万千。他刚从美国学成回国时，曾怀着浓烈的工业救国之志，但旧政府昏暗，难以实现他的抱负，他期待着新中国的到来，为国家干出一番事业来。现在机遇到来，被委以重任，他要用自己的聪明才智和积累的经验，亲自开垦这块土地，打造一座茂盛的桃李园。

踌躇满志的潘老，满怀信心地辛苦忙碌着，他一手抓校址、校舍，一手抓师资配备。经积极筹备，当年就招收了第一届学生。当时本科设三系八个专业，后发展为四系十三个专业，“文革”前曾设有五系二十个专业。潘老主抓教学。学校设教学管理部门——教务处，负责上下协调和教学工作的具体安排。各系的系主任均由教授或专家担任，以抓教学工作为主。由院长、教务处、各系主任组成教务会，由院长直接主持。教务会每周一次例会，布置教学工作，反馈教学工作情况。教学工作中的有关决策，也都由教务会研究通过贯彻执行。潘老经常在教务会上讲，要关心师资队伍建设，在高校，教师占主导地位，没有一个教学和学术水平高的师资队伍，很难提高教学质量。

根据国家的发展形势，结合学校的特点，他提出了“三基”教育，主张理工结合，教学、科研、生产相结合，重视培养学生的动手能力。在潘老办学思想主导下，为国家输送了一批又一批的科技人才，很多人已成为国家建设的骨干力量。

三、为连续河工校史尽心尽力

原河北工学院始建于1903年。1951年全国高等院校调整时，河北工学院与北洋大学合并，定名天津大学，两校教师一并合进天津大学。1958年河北工学院恢复重建时，从天大、南大抽调近二十名教授、副教授、讲师做为教学骨干，又抽调了20名青年教师参予授课，确保了河北工学院顺利开学。

1978年，全国科学大会胜利召开，教育事业迎来崭新的春天。已任河北工学院副院长的潘老，于1980年7月成立了院务委员会，并担任第一副主任。他为事业的新生而高兴，重新燃起了希望之火，年已84岁的他铿锵有力地表示，要为建设国家的科学大厦，为河工的重新振兴而大干十年。1983年，河北省委报经中央批准，87岁的潘老任河北工学院名誉院长，令他激动万分。此时的潘老，身体仍然硬朗，思维清晰，谈吐流畅，他关心学校的发展，尤其是学校如何延续河北工学院历史的问题。这一问题的提出，得到有关领导和广大教职工的支持。潘老清楚的了解老河工和北洋大学的历史和演变情况，两校合并只是调整，不是哪一学校下马或解散。决定学校的合并或以后重建是根据国家的形势发展和需要做出的，何况支援重建河北工学院的教师中很多是由合并后的天津大学抽调的，其中就有原河工的任教者。因此，河北工学院延续原来的河北工学院历史是顺理成章的事。

1987年9月29日，就河北工学院历史沿革和档案材料问题，名誉院长潘承孝、院党委书记林牧、副院长冯其标等邀天津大学常务副校长朱磊等进行商谈，取得一致意见，并签发《商谈纪要》。两校同意并经河北省教育厅批准，河北工学院校史从1903年创建时算起，原河北工学院档案材料仍由天津大学保管，为河北工学院借阅、复制提供方便。

由于解决了河北工学院历史沿革的问题，才有了1988年的85周年的校庆。1988年10月9日，河北工学院举行隆重的85周年的庆典活动，省市几十位各级领导亲临大会，三千余名校友重返母校，三千名在校师生参加庆典。看到亲手规划的这座高等学府像一只展翅的雄鹰跃升到了一个新的高度，潘老的心情异常激动。1992年9月11日，在庆祝潘老从教65周年大会上，他满怀激情地说："河北工学院已经是一所大有可为的工业大学了，我虽然已经96岁了，但还有余热可释，愿与广大师生员工团结一致，为把我校建成一所国内外一流工业大学而努力奋斗！"此后，潘老利用一切面见河北省领导的机会，陈述发展河北省教育事业，办好河北工学院的真知灼见。终于好消息连连。1994年6

月，河北省委、省政府将河北工学院列为河北省两所重点建设大学之一；1995年在河北省委关怀下，经国家教委批准，河北工学院更名为河北工业大学，并于1995年7月7日举行揭牌仪式；1996年又顺利通过“211工程”部门预审，成为河北省唯一一所国家“211工程”重点建设学校，跻身于全国百强行列。潘老的愿望已基本实现。

四、生活中的潘老

在三段居民楼间，在新村街道商店旁，或在一号路行人的便道上，经常看到一位朴素、和善的老人轻脚慢步的走路，或是在上班，或是在购物，或是在放松一下疲劳的大脑。这个人是谁？不了解的人认为不就是个普通老爷子嘛！在潘老周围不认识他的太少了，大多数人都知道他身份不凡，所以非常尊重他，经常见到熟悉的人陪他走上一段路，说上几句话，或搀搀扶扶。这位老人家就是人们崇敬的河北工学院的院长潘承孝，是天津市建国初期为数不多的国家一级教授，是很有名望的知识分子。自担任院长以来，就和普通群众住在同一楼群里，单位为领导几次建房请潘老搬入均被谢绝，他几十年来一直把自己融入广大教职员工之中。

潘老平日穿着很朴素、简单，和人们接触很随便，平易近人，没有架子。几十年来没有看见他穿过西服，扎过领带，甚至没见他穿过皮鞋。有人说潘承孝青年时期（1922-1927年）不也曾在美国威斯康星大学、康奈尔大学就读、深造，曾受到过西方生活文化的浸染吗？由于潘承孝经过“五四”运动和新文化运动的洗礼，怀有坚定的爱国之心和救国之志，在他身上找不到一丝的媚气和洋味。这种思想影响他的一生，几十年的衣着和老百姓没有什么不同。因为他平易近人，人们在院内或院外遇到他从不感到拘束。他平日工作之余经常下到校办工厂、车间、实验室同工人谈心聊天，了解基层情况，畅所欲言很随便，工人们都感到他很亲切。潘老有时还直接下到学生宿舍，很受同学们的欢迎。

潘老对自己的食宿方面从不挑剔，没有什么特殊要求。我经常陪潘老外出开会，他在用餐方面极为简单，从不取这舍那。与会人员经常有人问：“潘老，您长寿的秘诀是什么？”潘老简单而干脆地回答：“五谷杂粮不厌不断，水果蔬菜不挑不捡，另外，平日多活动多锻炼。我的锻炼就是走路。”确实如此，就连外出开会，他也不忘锻炼身体，锻炼方式就是走路。潘老从不睡懒觉，早晨起来在院内走上几圈，白天开会，下午散会，都到院外走上一大圈，如果散会晚，就饭后在院内走一圈，就是会间休息也要到室外活动片刻。他长年如一日，造就了一个好身体。

潘老是一名高级知识分子，一级教授，大学的院（校）长，在教育界和社会上享有很高的声望，但是他从不张扬，低调做人，满足现实，淡泊明志，不崇上攀比，总是把自己融入广大百姓之中。

五、与潘老接触中留在记忆里的几件事

1. 怒批学生考试集体作弊。

潘老教学工作严谨、治学严格早就名声在外。1962年，新生中出现了一个班有学习委员参加的一起集体作弊事件，还有几人参与了抄考卷、传字条行为，美其名曰是为了班集体的荣誉。这一消息爆出后，潘老十分生气，急速召开系主任会议，严肃地指出这一问题的严重性。不及格就是不及格，靠投机走邪门歪道行不通，并严正指出，不准好心求情。教务会多次开会研究统一思想，最后经院务委员会研究决定：对参与作弊的学生全部以不及格处理，对其中作弊严重的两名学生开除学籍，一名学生留校察看，还有两名学生给予了记过处分。

这次严肃处理了几个学生，使学校树立了良好学风，促进了校风校纪的管理，稳定了教学秩序，推动了教学工作开展。

2. 三老晾年龄。

我陪潘老去北京参加全国人大六届二次会议，当时潘老已经83岁了。河北省参加全国人大代表中还有两位老人。一位是保定电力学院院长杨福祯，还有一位是在抗日战争时期全国出名的“子弟兵母亲”戎冠秀。三位老人坐在一起畅谈说话时提到年龄，巧得很，三个老人的年龄一晾，都是83岁。潘老在全国科技大会刚刚开过的感召下，心潮澎湃，憋足了一股劲，趁着身体尚健，在大好形势下，准备干出一番事业来，所以潘老鼓励大家：我们要好好保养身体，争取活在三个世纪，即：19世纪、20世纪、21世纪。

3. 潘老和院部小花园。

院部与大门相对的小花园，学校教职员工没有人不熟悉，很多人上下班或路过都喜欢从花园小路穿行。花园虽不大，但浸透着潘老的一番心血和汗水。人们喜欢小花园，更喜欢花园中弯弯曲曲幽静舒心的甬道。尤其百花盛开的时候，在里边转一圈是一种享受。

这个甬道是潘老邀请土建系学过园林专业方面的老

师设计的，但是对图中甬道路线设计不理想没采纳。后来找了个“土园林”，他明白潘老的意图后，就在小花园内屈腿弯腰现场用脚划了几趟，竟被潘老看中。这个屈腿划地的人是谁？有人说张三，有人说李四，谁也说不准，但确有其人。不管是谁，功不可没。花园中甬道给人以轻松舒服之感，既新鲜又实用，凡走过的人都有一个好心情。

4.潘老约我同他合影。

1990年7月的一天，潘老在院部小花园散步，我因事从此路过，潘老把我叫住，说了几句话后，好像想起什么事，突然问我：“宝泰同志，咱们俩还没一块合过影吧？今天天不错，合个影吧！”我赶快把张庆海同志找来，在校园内的一棵松柏树前合了影。几天后潘老亲手把洗好的照片送给我，并亲自题字：“宝泰同志惠存——潘承孝赠。”我拿到照片后很激动，这不同于普通照片，他是把他身边工作的人员看成至朋好友，他惦记着他们，不忘记他们，拍张合影留存下来，做为纪念，这是多么深厚的情谊呀！我为有这样的领导和上级而幸运、高兴。1994年3月12日，在他九十八岁生辰时，潘老又把他在学校花房拍照的照片赠与我，多么可亲可爱可敬，我永远不会忘记。

潘老八十三岁光荣入党

5.“五粮液”不上头。

我不会喝酒，也不懂酒，为什么还提到酒呢？

事情还得从1979年全国人大六届二次会议闭幕那天说起。为了舒缓几天的劳累，聚餐时，摆上几瓶“五粮液”白酒，平时会议期间是不摆酒的。在开始倒酒时，我说不会喝酒我就不喝了，潘老听说我不喝酒了，马上凑过来，在我耳边小声说：“宝泰同志，这酒不上头，喝点吧！”为了增加大家高兴的气氛，我喝（抿）了几口，从那时起，我知道五粮液是好酒“不上头”。

6. 潘老买烤饼。

潘老到哪儿开会都有个习惯，散会后总要放松放松。根据时间，短的话在院内活动活动，如果时间富裕就到院外散散步，一可放松，二可锻炼腿脚。有一天，会议散的早，走步稍远些，不自觉地遛到一个小市场旁。熙熙攘攘的人群中飘来一股浓浓的烤饼味，潘老闻到了，乘兴走到烤饼摊。焦黄的颜色，喷发出的阵阵浓香，一下子把潘老给吸引住了，顺手掏钱买了一个刚出炉的烤饼趁热边走边吃，直到回到驻地。这真是："酒香不怕巷子深，烤饼飘香有买家。"潘老买烤（烧）饼的事不止一次。

（杜宝泰：原校综合档案室主任(副处级)、馆员，1996年退休。）

缅怀潘承孝老校长

王洪敏

潘老已过世多年，但他那慈祥的面容、朴素干净的着装、谦虚谨慎和蔼可亲的样子经常浮现在我的眼前。

潘老平时一直都很关心校内的统一战线工作。我在党委统战部工作期间，即便是下班时，潘老在校花园遇见我，都会问问某民主党派的现况、有什么诉求……交谈是互动的，有时他补充的比我说到的更重要、还具体。他联系群众之广泛、情况了解之透彻常使我兴奋不已。他常说："做好知识分子的思想工作很重要，要充分发挥他们的主观能动性，这对搞好我校的教学科研至关重要。"在"文革"时期，为了保护有才干和有作为的知识分子，他宁愿自己挨批判，例如把执行"修正主义教育路线"的责任揽在自己身上等。

人说是金子总会发光的，但不经风雨怎见彩虹，风雨就是对人的考验。潘老的爱国情操，对共产党领导的忠诚几乎人人皆知。潘老是中国民主促进会的知名人士，但他从来没有想以此作为资本、抬高自己的地位，他积极地协助校党委，要把我校办成一流大学。潘老深知中国共产党的领导是历史的选择、人民的选择，所以，他一直是以身作则，带头拥护。每次校领导召开各民主党派、归侨及侨眷、宗教人士、港澳同胞及台属等通报工作并征求意见的座谈会时，他总是准时签到，从来不迟到，也决不因已知通报内容就借故请假不参加。在认真听完通报之后，他从不抢先发言，但在避免冷场的关键时刻他又总是带头发言，用列举事实的方法赞扬学校取得的来之不易的成绩并提出进一步改进的建议等。校内民主人士被他的实话实说所感动，纷纷进言献策，会议气氛极为活跃，使每次会议都达到了预期的效果。他就是这样通过以身作则现身说法维护党的领导。

潘老成为一名共产党员之后，一如既往，但更加兢兢业业地做好自己该做的工作。他们经常组织我校民进会员学习党的政策和中央领导同志重要讲话，提高大家的思想认识水平。由于他的持之以恒、不懈努力，极大程度地提高了民进会员的政治素质。

潘老关心民进工作还体现在高质量地发展会员上。潘老对尚未加入民进会的积极分子，都有帮助他们提高的具体要求，除了政治上积极向上外，在业务上也要过得硬。他经常说，业务属本职工作，连自己的业务都不好好搞的人，只图在政治上出人头地，能可靠吗？有的积极分子群众关系不好，孤芳自赏，潘老就告诉他，若要加入民进就要改一改这脾气，我们民进支部的人都需顾及在群众中的影响，要主动以和善的态度改变自己在周边人群中的表现，我校民进支部一直坚持帮助要求入会者改正缺点（亦即改正错误认识），然后才正式接纳他们为会员。民进支部积极而注重质量发展会员的慎重做法一直得到普遍的好评，受到上级组织的表扬。

潘老虽已逝世多年，但他为党、为国、为校的奉献精神，将被一代一代学人传颂并传承下去。

（王洪敏：原院党委统战部部长、高级政工师，1991年退休。）

怀念潘老

李　牧

潘老为我俩证婚

我和我的爱人高中分别就读于北京的辅仁大学男附中和女附中，1953年高中毕业时相约报考清华大学，分别被录取到清华大学电机与电器制造专业和金属压力加工专业。潘老原来是天津大学的教务长，1958年河北工学院复建，将潘老调到河北工学院任院长。大学毕业我被分到河北工学院，我爱人被分到天津大学。当我俩分别向两校领导提出申请结婚时，双方领导给予我们积极支持，河北工学院有关领导告诉我，潘老要给我们俩当证婚人，我俩非常激动和兴奋。潘老是全国著名的汽车内燃机专家、受人尊敬的（当时天津高校少有的一级教授）老教育家，他居然会出席我们的婚礼并为我们两个初出茅庐的年轻人证婚，我们当时真不敢相信会得到如此厚爱，能享受如此殊荣。婚礼设在天大九楼的会议室，我邀请了杨风春老师做婚礼主持人，在婚礼上潘老发表了热情洋溢的讲话，祝福我俩幸福，鼓励我俩今后在教学工作中不断成长，并且希望天大的单身女教师多与河工单身男教师联谊、结伴，为河北工学院的建设做出更大的贡献。

此后多年，潘老非常关心我俩的生活和学习及在两校分居的情况，多次在院中偶遇也总是谈及这些问题，直到1962年，在潘老的努力下，将我爱人（朱恩荣）调入河北工学院的材料力学教研室工作，解决了我俩两校分居的困难。

建立实验室

潘老指出："实验不仅仅是要验证理论，而且要培养学生的实践能力。"

在1959年底至1960年初，因为电系当时只有电工学实验室，满足不了实验要求，因此系里提出新建电机实验室，系里及教研室让我来负责此事。在筹建的过程中潘老也十分关心，我跟潘老请示该怎么做这件事时，潘老当时提出这句话："实验不仅仅是要验证理论，而且要培养学生的实践能力，学生的实践能力非常重要。”我十分同意潘老的想法。后来我去了天津大学和清华大学的实验室进行调研，在清华大学发现他们在实验室方面进行了一些改造，他们的实验台是组合式的实验台，做实验时十分方便，因此我就借鉴了这种方法，提升了我们学校的学生实验技能。

另外，在潘老的思想的启发下，我们制定了实验大纲，做实验时，要事先人为制造一些故障，让学生自己思考是哪里出了问题，进一步提高学生的动手能力及分析解决问题的能力，使得学生能够判断故障、排除故障。

推广计算机　厂校结合

工科学校的学生需要去工厂实习，但是工厂不太愿意接收学生，因为怕耽误工厂生产。当时刚刚建校，所以我们联系学生下厂实习很困难。1960年的时候，天津市开始做超声波研究，那时有一个生产开关板的工厂邀请我们学校的老师和学生去参观合作，后来我就带领了一组学生去调研，发现该工厂有高频异步电动机的项目，然后我们就确定了这个项目的研究，在学生和技术员的合作下，做了一些样机出来，经实验后发现效果很好，后来和这个工厂的关系便更加密切了。

后来，工厂希望工厂的技术人员能够来我们学校听课，提升一下理论基础。我回来跟系里说明这件事情，系里表示十分支持，但是学校教务处觉得这会影响学生的听课，怕影响教学。后来我向潘老请示，潘老表示支持。潘老说，我们现在处于弱势，应该抓住与工厂联系的机会，加强与工厂的合作。最后得到了潘老、系里和教务处的允许，这使得我们与工厂的关系变得更加融洽起来。

另外，我们学校是最早引入计算机学习的几个高校之一，当时潘老组织天津市计算机所的技术员来开展计算机语言培训，我们学校的老师可以自愿报名参加这个培训班，后来潘老让我们听过课的老师们讲课，让学校的老师来听，使得每个老师都能掌握这方面的知识技能。在天津所有的高校里，我们学校是最早开展计算机教学的学校之一，这也算是技术储备。以后我也利用计算机在我自己的专业做出了一点成绩，做了几项科研项目。利用计算机实现技术支持，一方面避免了各种人为误差，另一方面也提高了计算速度。有了这项技术之后，我们与各个工厂之间的联系也更加密切了。

（李牧：原电气与自动化系副教授，1995年退休。）

潘老春节家访的故事

靳泰安

老校长潘承孝教授已经离世十五年了，老同事们在一起时，常常会回忆起他的许多往事，盛赞他昔日为国家培养众多内燃机工程精英的骄人业绩，称道他为学校重建和发展默默耕耘的奉献精神，对他的崇高人格魅力更是由衷敬仰。

学校重建之初，我有幸在潘老身边工作过，耳闻目睹，感触良多，尤其对潘老谦诚待人、礼贤下士的高尚品德格外崇敬，许多事至今不能忘怀。

我记得，大约是1974年，春节刚过，一天早上我外出办事，在宿舍楼前碰到潘老，交谈中得知他是去看望蔡姨。蔡姨住在离我家不远处，是本校一位干部的家属，热情、朴实，乐于助人，常年在居委会做临时性工作，大家都亲热地叫她“蔡姨”。在20世纪60年代后期，潘老曾受到不公正对待，那时他夫人已是癌症晚期，需卧床，还要经常注射一种针剂，行动十分困难。由于蔡姨学过注射，居委会就安排她承担此事。蔡姨一直尽心尽力，直到潘夫人离世，因此潘老十分感激。潘老对我说："蔡姨帮了我家大忙，我每年春节都来看望她，拜个年，表示谢意。"说来也巧，我办事回来，正巧碰上蔡姨一家人送潘老到楼门口，热情告别，这情景着实令人感动。据我所知，潘老几乎年年如是。有人会认为，蔡姨是在做工作分内之事，完成的好，示谢也就够了，不必看得太重。潘老却认为，这是助人于危困之中的善举，是一种恩德，应该用心、用行动报答。这是潘老的思想境界，彰显的是平等待人、知恩报恩的高尚品德。

还有一件事令我难忘。那是1980年，也是春节刚过，潘老让我陪他去看望数学教研室主任张静蓉教授。张老师住在市内，路程较远。春节刚过，街上人多事多，车开得很慢。车到西沽附近，忽然有个60岁左右的老者横穿马路，他只顾躲闪左边的车，对右边没太在意。我们的车行驶很慢，几乎是与行人同步。司机见他过来，忙把车停下。由于老者走得匆忙，还是碰到了车的侧面，一个趔趄坐在车旁，我急忙下车去看。这时潘老也下了车，询问老人情况，表示歉意。我扶老人站起来，他很客气地说："没事，是我没站稳。"经询问知道他是过马路回家，家就在不远处。潘老执意要送老人回家，老人推辞不过，就一同走到他家。见到老者夫人，再次表示歉意。老人在屋内走来走去，说："你们看，我真的没事，这事不能怪你们。"我们这才继续上路去张老师家。第二天上午，我又专程去看望那位老人，转达潘老的关心。老者夫人感慨地说："老校长这么关心我们，谢谢他！"我回来把情况报告给潘老，潘老才放下心来。

还有一次，那是1981年春节后，潘老让我陪他去看望外语教研室的蔡善培老先生。我知道蔡老师住在六层，没电梯，劝他别去。潘老当时已是85岁高龄，比蔡老师年长许多，但他执意要去。当扶他走到三层时，已有些吃力，劝他改日再来，仍不肯。稍站片刻，便一直上到六层。蔡老师打开家门惊愕不已，说："潘老，您怎么能上六层楼呀，我去您家才对呀！"潘老笑着说："不妨，我还能行，就是想看看你。"一席话说得蔡老师激动无语，连连点头称谢。坐下来，潘老询问他的身体情况，交谈外语教学的状况和问题，推心置腹，亲密无间。

从蔡老师家出来，潘老问我数学教研室杜荫昌老先生的情况。我告诉他，杜老师家离这儿不远，身体不好，老伴瘫痪在床，挺不容易。潘老立即表示要去看他。到杜老师家又交谈许久，还特地到杜夫人床前表示慰问，杜老师感动不已，再三称谢。

据我所知，潘老春节走访老教师是常态，仅我在基础课部工作期间，就陪同他走访过许多位老教师。每次走访都是暖意浓浓，心灵相通，情景令人难忘。在广大教师心中，潘老既是学术超群的学者和领导，又是仁爱可亲的同事和朋友，更是学为人师、行为世范、德高望重、实至名归的长者和贤人。

（靳泰安：原图书馆馆长、副研究馆员，1996年退休。）

对潘老的温馨回忆

胡　敏

我与潘老曾是邻居，住同一栋楼，他老人家住二楼，我住一楼，见面的机会比较多。我们见面总是相互问候并聊上几句，聊养生保健的话题比较多。潘老对养生保健很重视，常对我们说："身体好，精力旺盛，才能做好工作。"并告诉我们，锻炼身体可以抓紧一切可利用的时间，如在等乘公交车时，可以做做手指操，晃晃腰等。过去我没有保健意识，听了潘老的教诲，受益匪浅。

潘老作为德高望重的一校之长，从不以领导者自居，对下属和教职工，都十分尊重，平易近人，和蔼可亲，见面总是主动打招呼。有一年冬天，潘老在下班的路上碰到我，看见我没带帽子，他老人家亲切地对我说："胡敏，织顶帽子戴戴吧，头部保温很重要，头部保温占全身保温的三分之一。"得到老领导的关怀，十分感动，现在想起此事仍然觉得很温暖。

每逢春节初一，我和几位同志都去潘老家拜年，潘老总是热情地接待，还拿出花生等给大家吃，并说："必须吃，这是长寿果。"他老人家也向我们表示祝福，大家欢声笑语，其乐融融。

后来我搬家了，潘老不忘老邻居，春节期间还多次到我家看望我们，问寒问暖，拉家常。潘老很随和，不让我们感到拘束。给他敬茶、拿水果，潘老就随意地吃点、喝点，让我们全家感到温馨幸福。有一次，潘老临出门时，端起茶杯喝了一口，并说："不渴也要喝一口，不然就浪费了。"这是多么可敬可爱的老前辈呀！

潘老离开我们多年了，至今我还深深地怀念着他老人家，他那善良、和蔼的音容笑貌，常常浮现在我的脑海里。

（胡敏：原学生处处长，1992年退休。）

我认识的潘老

侯福存

潘承孝教授百余年风霜雪雨，辛勤耕耘，兴教育人，桃李满天下。潘老不仅德高望重、位高名扬，而且谦虚谨慎、平易近人，深受全校师生的爱戴和尊重。河北工大的校园里，不论是在教学楼、实验楼、办公楼、师生宿舍楼，还是在校办厂的车间、师生的食堂、运动操场、花坛绿地等公共场所，都留下过潘老的身影和足迹。

我第一次近距离见到潘老是1965年春天。那天上午，上完第一节课后，我和同学们走出教室，到南大楼前去做广播体操。在南北大楼之间的空地上，看到有几个人用石灰划线。不知是哪个同学认出了潘老，用手指着说，那个年长者是潘承孝院长（河北工业大学的前身原天津工学院）。顺着手指的方向望去，看到一位老人正指导着几位花匠师傅规划原东院校门口前的花坛，这位老人就是潘承孝老院长。当时69岁的潘老亲力亲为，精心设计，美化校园，对学校的一草一木关心爱护备至，让目睹这一场景的同学们感慨万千。

我到校工会工作后，工会办公室（原院部教工食堂旧址）和校机关办公楼离得很近，我与潘老见面和接触的机会就很多了。当时，担任名誉院长的潘老经常在工作之余来工会办公室和会员活动室转转，看望和关心教职工的业余文化生活。

记得那是在1994年4月的一天上午，98岁的老人家漫步走进我的办公室，我抬眼一看是潘老来了，连忙起身迎了上去，请他坐到了沙发上。潘老很客气地说："我随便走走，你忙你的。你们最近在组织什么活动呀?"我向潘老介绍说，我正在看各教学单位报名参赛的青年教师名单，我们学校"第二届青年教师教学基本功竞赛"已在各系进行完毕，我院各系有300多名青年教师参加了本单位组织的竞赛，在此基础上，各单位选拔推荐了18名优秀青年教师，准备参加院级比赛，我们准备安排在五月初进行。通过院级比赛后，不同种类（理工类、文科类、外语类）参赛选手的名次就能确定，再根据分配给我校的参赛名额，择优向天津市教育工会上报，参加将于六月份举办的"天津市高校第二届青年教师教学基本功竞赛"……潘老对这项活动早已知晓并非常关心，他说："我已经听说了，我也看到过去年院行政和院工会关于举办这项竞赛的联合发文。我看你们抓青年教师教学基本功的培训，提高教学水平，这项工作做得很好。如何较好地把知识传授给学生？就是要加强对青年教师授课技巧和教学水平提高的训练，这可是当好老师的一项基本功啊！"我说："学校领导对这项工作非常重视，学校正式向各系及有关教学单位下发了文件，院工会牵头，与教务处、电教等单位一起，协同配合操办这项活动。"潘老连声说："好，好，好！"交谈中，潘老还关心地问我今年多大了，我说属鸡的，49周岁了。潘老笑呵呵地说："啊？真巧，我也属鸡，比你整整大了一倍。"并感慨地说，你们还年轻，正是好年华……言谈话语中充满着长辈对晚辈的关爱之情。

潘老起身告辞说："我没什么事，随便走走，不打扰你们的工作了。"我连忙说："欢迎潘老有时间常来工会看看。"望着潘老缓步离开工会的背影，我对这位年近百岁的老人又一次肃然起敬。

（侯福存：原校工会主席、高级政工师，2005年退休。）

从百岁华诞看潘老的威望

盖建国

我校名誉校长潘承孝教授是我国著名的汽车和内燃机专家、著名的教育家、社会活动家，他在教育界、科技界有很高的威望和影响力，深受社会各界、我校广大师生和校友的崇敬和拥戴。天津市举办的那场高规格的潘老百岁华诞大型庆祝活动就是很好的证明。

1996年3月23日，潘老百岁华诞在天津宾馆举行。中共中央统战部，河北省委，天津市委、人大、政协等都向潘老百岁华诞敬献了花篮。天津市和河北省的主要领导出席了大会并致祝词。全国人大常委会副委员长、民进中央主席雷洁琼专程来津参加庆祝大会并致祝词，雷老对潘老给予了很高的评价。她说："您从教70年，是我国享有盛名的汽车、内燃机专家，机械工程教育的奠基人之一。您治学严谨、务实求新、唯贤是举、甘为人梯，为国家培养出一大批又红又专的建设人才。

您德高望重、功业卓著，深受教育界和科技界的爱戴和尊敬。”潘老早年的学生近二十名两院院士从国内外特地赶来为老师祝寿。参加庆贺活动的各级领导、海内外各界名人和代表纷纷与潘老合影留念。

我有幸参加了在天津宾馆为潘老举行的祝寿活动，亲眼目睹了各级领导、诸多科技界及教育界名人众星捧月般拥戴潘老的热烈场面，亲身感受了一代师表的极大社会感召力和影响力，我为我们学校有潘老这样的著名专家、教育家、老校长而感到自豪和光荣。

潘老在他70年的从教生涯中，治学严谨，治校有方，倡导并发扬了优良的学风和校风；他十分重视和注重对学生加强基础知识和基本功的教育和培养；他在工作中呕心沥血、兢兢业业、不辞劳苦；他深入基层、平易近人，关心教师的工作和生活，帮助他们解决具体困难；他严于律己、廉洁奉公，为学校的发展做出了不可磨灭的贡献。特别是在学校的合并、搬迁、“211工程”建设等关系学校前途和发展大局的问题上，潘老起到了极其关键的作用，赢得了广大师生的衷心爱戴和钦佩。

潘老离开我们15年了，他的音容笑貌如在眼前。他和善可亲、平易近人的形象永远活在我们的记忆中。潘老是我们的楷模，是我们学校的一面旗帜。斯人已逝，精神永存。他给我们留下了一笔宝贵的精神财富，他的教育思想对我校的发展将有长期的影响作用，在潘老精神的感召下，在河北工大全体师生的共同努力下，潘老“把河北工业大学办成全国一流的地方工科大学”的遗愿一定能实现。

（盖建国：原理学院党委书记、高级政工师，2005年退休。）

可敬可爱的潘老

范金菊

潘老是我们的老领导，也是我的老邻居，邻里和睦相处多年，他的一言一行使我受到很深的教育。

一

1962年，我调到天津工学院（河北工业大学的前身），学校把我们安排在三段一号楼二楼一间12平米的房间住下。之后，我们才知道，在一楼居住的是院长潘承孝，三楼居住的是院党委书记冀广民。我们住在二楼，真的有些紧张，出出进进都可能碰上领导，不能随意行动。时间长了，上下班经常会碰见潘院长，每次相遇，都是潘院长主动打招呼，一点院长的架子都没有，是一位和善、谦和的老领导。慢慢地我就再也不拘束，每次见面，我都主动和潘老打招呼。

潘老忘我的工作精神，是我们学习的榜样。我在二楼窗户上可以看到潘老上下班的时间。早上，我们还没有吃早饭，潘老已向学校的方向走去。中午，我们已准备吃午饭了，看到潘老才下班回来。我们很难看到潘老按时上下班，总是早去晚归天天如此，把全部的心血都扑在工作上。有一次我开会晚了，正好碰上潘老也刚刚下班回来，我忙说："潘院长，您怎么这么晚才回来?"他说："下班后，我在院内走走看看，了解了解情况，心里好有个数。"这么一说，我才明白为什么潘院长每天都那么晚回家，就是牵挂着学校，利用下班后的时间，深入基层，深入学校各个角落了解情况，有针对性地解决问题。

潘院长对待师生员工像亲人一样。记得1963年大年初一，一大早就有人敲门，因我在单元门口住，就赶紧开门。一开门，我大吃一惊，"啊！是潘院长来了！"我赶忙说："潘院长，过年好！给您老拜年，请您到屋内坐坐。"这时，同单元住的曾熙主任也急忙出来，向潘院长拜年并请潘院长到屋内坐。潘院长说："不坐了，过年啦，我来看看大家，祝大家新年快乐！我还要到其他家看看。"说完，就走了。我目送潘老登上三楼，心中升起一股暖流，心想，一个单位能有这样一位好领导，这样平易近人、和蔼可亲，定能把大家团结起来，攻破学校建设中遇到的一个又一个难题，把学校建设成高水平大学。

二

粉碎“四人帮”以后，国家恢复了高考，我校迎来了新的一届大学生，潘老也重新担任了学校的领导工作。虽然在“文革”中，潘老受到不公正的冲击和迫害，但是他从无怨言，而是全身心地投入到工作中，他说：“我要努力工作，把失去的时间抢回来。”

后来潘老搬家了，但仍住在三段，上下班经常还会碰见，每次相遇都打招呼问这问那，从多次谈话中知道潘老对思想政治工作非常重视，他说：“思想政治工作很重要，是学校各项工作的基础。”又说：“要注意总结先进典型经验，以点带面，推动学校各项工作的开展。”

在潘老的关怀和指导下，我校宣传部和有关单位一起，先后总结出化工系邹仁鋆教授搞科研的先进典型经验，基础课部物理教研室魏安赐教授教书育人的先进事迹，生产处李深厂长搞好生产的先进典型经验。在全校师生员工中大力宣传推广。他们的教学、科研、生产的先进典型经验，以点带面，有力地推动我校向更高水平建设迈进。

1988年，我从工作岗位上退了下来，领导派我到校友总会帮忙。上下班，时不时的还会碰上潘院长。有一次，潘老问我："小范，听说你到校友总会工作?"我说："领导派我到校友总会帮忙。"从多次相遇交谈中，我感到潘老对校友总会工作特别重视，并有较深刻的见解。他说："校友会的工作，对一个学校来说是很重要的，无论是国外的高校，还是国内的高校，都看得很重。""办好一所高等学校需要社会各方面的支持和帮助，特别是校友的支持和帮助。因为校友对母校情深意笃。""校友会的工作，就是不断地联络校友、团结校友的工作，成为校友、校友单位与学校联络感情、沟通信息的桥梁，总结宣传交流校友的工作业绩。一个学校的声望，很大程度上是由他的毕业生体现的。评价一个学校的好坏，是看他的学生在社会上所起的作用如何。"

经过潘老的指教，使我对校友会的工作有了更深的认识，增强了干好校友会工作的信心。

三

潘老在世时是我校第一位高龄健康的老人。长寿，尤其是健康长寿，别人是给不了的，只有靠自己。潘老就是靠他自己的大公无私、心胸坦荡、以仁者之心待人接物及高尚的道德素养而得到的回报。

年逾九十的潘老还工作不止，他虽退居二线，却退休不离岗，仍然为学校的建设发展而努力奋斗。他常说："党给我的待遇和地位够高的了，我没有什么个人的要求，唯一的想法，就是在晚年为把学校办好尽点力。"

他虽年事已高，仍欣然担任学校首届学术委员会主任；他为了保护学校不受损失，停止学校搬迁，到处奔波，反映情况，结果获准，不再搬迁，使我校继续在天津办学；他积极参加学校校庆活动，亲自接见各路贵宾，并参加多项座谈会；他不顾劳累，积极参加河北工业大学更名挂牌仪式；他怀着激动的心情参加天津市为其举办的"庆祝潘承孝教授百岁华诞"庆祝活动，等等。

从潘老的言行可以看到，潘老严谨的治学态度，谦诚待人的作风，无私奉献的精神，生命不息、奋斗不止的人生境界，是我们大家学习的榜样，也是我们学校的宝贵精神财富。

（范金菊：原院党委宣传部部长、副教授，1988年离休。）

潘老让人感到很亲切

王秀英

不少人都会有这样的体会，只要和潘老接触过，哪怕只有一两次，都会留下很深的印象：老人家书卷儒雅，慈祥善良，平易近人，和蔼可亲。

我和潘老虽然工作上没有直接打过交道，但余暇时间与潘老接触不少。

那是20世纪70年代末和80年代初，我们的小家临时住在北院当时叫院部第四宿舍楼的二层。由于住在学校院内，所以出出进进时常与潘老碰面。每当见到潘老，同他老人家打招呼时，他都是笑微微地热情回应，有时还要关切地问问工作情况和家事。还有时，下班后我带孩子在院里玩，碰到潘老，他都要温情地抚摸一下孩子，逗逗话。因此，孩子感到潘老非常亲切，每次见到潘老都一口一个潘爷爷地叫着。

最让我难以忘怀的是，80年代初的一个大年初一，早上8点刚过，潘老就乐呵呵地来到了第四宿舍二楼，挨门到单身宿舍给大家拜年。当时，这里住的多是单身老师，一些人过年没有回老家，当时任教务处长的马家齐同志就住在这儿。潘老给大家送去了亲人般的问候，使大家感到温暖。

给老师们拜完年后，潘老又来到我家，给我们拜年。当我们见到满面笑容的潘老时，感动地不知说啥好，眼睛一下子湿润了。潘老已是耄耋之年，又是领导，理应我们去给老人家拜年才是，可潘老却想着我们，多么感人啊！因我爱人陈德第一直在机关潘老身边工作，对潘老较为了解，回家后经常对我说起潘老的动人事迹，介绍潘老严谨治学、精心治校、造诣深邃、品德美好、人格高尚、为人师表的事例，使我对潘老十分崇敬，深为工大有这样德高望重的师长而自豪。

（王秀英：原计算机科学与软件学院，高级政工师，2008年退休。）

潘老和我是邻居

王淑敏

我很荣幸,在我的一生中曾与教育家、河北工学院老院长潘承孝教授做过五年邻居。几年间，潘老的儒雅风范、言谈举止、亲和为人，给我留下了极深的印象。

1966年初，我分到三段家属宿舍十三号楼（现为安岳15号楼）三家合用一个单元的一间住房，16平方米、阳面。要知道在当时能分到这里的一间房已是很不容易了。十三号楼是当时学校最好的家属楼，在里面住的大多是一些领导、专家、教授、讲师，被人们习惯地称其为“高干楼”。因此，当时一连几天我们都沉浸在兴奋之中。我们住的是楼下一层，楼上二层住的我后来才知道就是潘老。我虽然只是学校工厂的普通工人，但潘老丝毫没有高级知识分子、专家、院长的架子，非常平易近人，每次见面总是和颜悦色，让人感到很和蔼可亲。特别是有一件事让我终生难忘。

那是1968年初冬，有一天，我突然发现由于楼上漏水把屋顶浸湿了，于是赶忙上到二楼，轻轻敲开潘老家的房门，潘老老两口热情地把我们迎到里面。我向二老说明情况，潘老迅即下楼到我们家查看，查找原因。原来是暖气管漏水了，他立即同维修部门联系，使问题得到了解决。后来，潘老还不放心，曾几次下楼到我家看望。尤其是潘老夫人和潘老来家看到我们襁褓中的孩子时，亲切地问这问那，还耐心地教我们护理好幼儿的方法等，让我们非常感动。

（王淑敏：原校教学厂高级工，1993年退休。）

潘老留给我的印象

张苓香

我对潘老的认识有两个方面：一是校史馆的介绍，一是和他有过几次接触。

我在校史馆第四展室“化春风兴学树人”的标题下，看到了展示和介绍潘老教育思想的内容，主要体现在三个层面：在认识层面上，主张知行统一，倡导勤学笃行，着力培养学生独立分析、解决实际工程问题，将知识能力内化为工程素质。在教学层面上，提高理论联系实际、重视生产实践活动，着眼于学生工程意识、工程能力乃至创新意识、创新能力的培养。潘老特别强调在教学工作中加强“三基”，即基础理论、基本知识和基本技能。在办学层面上，主张紧密贴近社会需要办学，学校与企业在育人、科研、生产上形成合作体制，走产学研一体化道路，积极为地方工业发展和社会经济建设服务。同时，坚持育人为主导，科研为关键，生产为基础，走教学、科研、生产一体化的道路。

在第五馆看到，1979年12月21日《光明日报》第一版报道潘承孝教授八十三岁光荣入党的消息。我站在潘老入党宣誓的大幅照片前，久久不愿离开，脑海中浮现出潘老生活俭朴、没有领导架子、平易近人的两件事。

那是20世纪70年代末，我在院部图书馆上班时遇到潘老，他问我："小张，你的身体状况怎么样啊？"一院之长关心一个小小的工作人员，使我倍感亲切，深受感动。潘老平易近人的品德让我钦佩。

另外一次是，在院部卫生室体检时，学校请来总医院的医生为我们教职员工检查身体，耄耋之年的潘老和大家一起排队等候检查。潘老站在我的前面，当医生问潘老，您的长寿秘法是什么？潘老说除了不吃肥肉什么都吃，还说要多吃些菌类的食物，如口蘑（蘑菇）之类的东西，可以预防血管硬化。

潘老的教育思想与革命精神和人格魅力深深感动了我，潘老永远活在我们的心里。

（张苓香：原图书馆馆员，1993年退休。）

潘老和我谈养生

陈德第

大家都知道，1996年潘老百岁时身子骨都很硬朗，手不拄杖，眼不戴花镜，耳也不聋，并且头脑非常清晰，记忆力格外好。有一次，为了宣传潘老的事迹，我对老人家进行了近一天的访谈，潘老足足说了几万言，没听他咳嗽一声。从在苏州上小学，在北京上中学，在唐山上大学，乃至在美国留学及回国后的人生经历，说得清清楚楚，不带半句重复。就连1927年从美国留学归来，取道欧洲，途径伦敦、巴黎、布鲁塞尔、柏林、莫斯科时的情形，都能不加思索地回忆起来。

在访谈之余，我曾向潘老请教有何养生之道，潘老笑了笑："要说'道'，那就是注意保养。"他说他的一位同学，当年曾是体育尖子，奖章得了不少，可是由于不注意保护，没几年身体就垮了。怎么保养呢？潘老说，第一，少吃药。不在万不得已的情况下，尽量不吃。药不是仙丹，吃多了会有副作用。第二，保持两条腿走路。腿好比机器的马达，腿不能动了，机器就不转了。还要经常运动腰，使它能弯下去，能扭动，这样机器才不会锈住。凡是工作过后或会后，我都要活动活动腰。关于走路，我从青少年时代就养成了。在美国康奈尔留学时，从住所到学校都是走着去走着回。康奈尔风景好，雪多，坡坡岗岗也多，经常出去游玩。现在也是，黎明即起，到西沽公园或校园都是走路，从不间断。第三，注意保护眼睛、耳朵，不躺着看书，看书一累就做眼功。耳功也要做，不用专拿出时间。第四，天天要思考。每天总要有点时间思考问题，使大脑处于兴奋状态，千万不要让“司令部”懒了，懒了就失灵了。潘老说，我一辈子夜里很少有失眠的时候，凡事想得开，放得下。第五，寝食有节，也就是生活要有规律。

潘老说：“身体是革命的本钱，没有好的身体，报国会力不从心的。”

潘老的养生之道至今记忆犹新。

（陈德第：原校党委宣传部部长、副教授，2003年退休。）

想和潘老合个影

胡连京

穿越时空，回到20世纪70年代。1975年，我调到校办公室工作，和潘老就接触多了，有时还陪他外出开会。潘老虽身居要职，德高望重，但给我的印象却是没有一点架子，非常平易近人，和蔼可亲。由于多年在潘老身边工作，我和爱人尼雪巧就产生了一个想法：想和潘老合个影留作永久纪念。但又觉得潘老年事已高，工作很忙，又不忍心打扰他老人家，所以这个愿望在心中一直埋藏着。直到1990年，为实现这个愿望，我鼓足了勇气，先和院办负责摄影的张庆海同志商定，请他准备好相机，一旦机会来了，就立即给我们拍照。一天，我走进潘老的办公室，他老人家正在伏案工作，看见我进来，微笑着亲切地问："小胡，有事吗?"顺手指指沙发让我坐下。我说："我和尼雪巧有个愿望，想在您身体和时间允许的情况下，在您方便时，同您一起照个像，留作纪念。”潘老一听，高兴地说：“好呀，现在照可以吗？”我一看潘老这么爽快就答应了我的请求，心里别提多高兴了，赶紧招呼张庆海同志准备好相机。我和尼雪巧搀扶着潘老一起走下办公楼，来到小花园。我们边走边聊，聆听潘老教诲，特别开心。

照片洗出来后，我给潘老送过去请潘老看，他老人家非常高兴，特意对我说：“我给你在照片背面写几个字吧。”其实我心里本有这想法，只是怕打扰潘老，就没好意思说。潘老好像看透了我的心思，主动提出题字，这让我很激动、很感动。我亲眼看着潘老认真地工工整整地在每张照片上写道：连京、雪巧同学惠存。潘老的题字成了永久的纪念。现在，每当打开相册看到这几张照片，就会引起我美好的回忆，潘老平易近人、和蔼可亲的形象就会在脑海里浮现。在潘老身边工作几年，耳濡目染，深受熏陶和教诲，从做人到做事，无不影响我的整个人生，潘老的精神永远激励我们不断前进。

（胡连京：原老干部处副处长、高级政工师，2005年退休。）

我教潘老的孙女学游泳

赵洪达

我们学校曾经在南院修建了一座一侧有看台的标准的室外游泳池，除了保证正常的体育教学、学生的课外游泳活动、学校游泳代表队的训练外，还利用假期和晚上对社会开放。每到暑假，这里便举办各种水平的游泳培训班，当年我们学校教职工的子女们几乎都是在这里学会游泳的。

我担任“母子班”的教练，学员都是学龄前的儿童，大多由母亲抱着下水学游泳，他们从怕水到逐渐不怕水、爱上水，再到学会游泳的基本动作，有些学得好的孩子蛙泳能游二十五米呢！教这个班的老师必须有热心、细心、耐心，只有这样才会得到母子们的喜爱和好评。

潘老的儿媳可能是做了多方面的考察后才报的名，她找到我，请我教她的女儿学游泳。我当时非常高兴，潘老是我心中非常敬重的人，我能够为潘老家人做一点自己力所能及的事，打心底里感到无比的荣幸，所以我就很愉快地接受了。在我手把手地严谨指导下，潘老的孙女学会了蛙泳。后来，潘老儿媳还送了我一瓶红葡萄酒。每每想起此事，我都为能为潘老家做了一点儿事，感到心里暖乎乎的。

（赵洪达：原体育部讲师，1997年退休。）

想起潘老

任铁生

每当想起潘老，总有三件事在我脑海里回荡，内心久久不能平静。

一、初识

那是在1980年的夏天，院部变电室至家属建设楼要架设一条供电线路，途中要伐掉一棵树，为了提高工程速度，在施工报告还没批下来，我们就开始了准备工作。

八月的天气烈日当空，我们正在院部操场周围施工现场干活，远远的一位老人向我们姗姗走来，不知是谁说了一句“潘老来了”，大家都停下了手中的活儿，望着潘老。潘老来到我们跟前后，第一句话就说：“师傅们，辛苦啦！天气热，注意防暑呀！”一句话便拉近了我们的距离。接下来潘老开门见山地说：“我来是和你们商量一件事，能不能保留那颗要伐掉的树，长了几十年的树不容易呀!”平和的话语中透着亲切感，而说出的事情不容置否。于是，我们听从了潘老的建议修改了线路走向。

二、又见潘老

在我院200部人工电话改造成450部自动电话施工中，潘老曾多次来到施工现场。由于经费问题，此项工程由我院自己施工，潘老不断地嘱咐大家，施工中要注意休息，工程上要仔细不能出错。

自动电话开通以后，有一天潘老高兴地来到电话交换台，说:“现在的电话真是迅速、准确。建设楼一位老干部突发急病，电话打到车库，很快就将病人送往医院得到了及时救治，好呀！我一定和你们照一张相。”过了几天，潘老请来张庆海摄像，真的和我们留下了一张珍贵的照片。

三、潘老的嘱咐

1988年，我受国家教委派遣赴也门共和国塔兹技校任实践课教师，我正在做出国准备，潘老打电话叫我到办公室去。敲开办公室的门，潘老已经等在那里了，他亲切地问道:“要出国了，准备工作做的怎么样?”潘老的暖暖细语使我感到很亲切。“正在准备，出国手续很麻烦，天津、石家庄，北京我跑了两趟还没办利索。”我急忙回答。潘老说：“物质准备你要做充分，我讲讲思想上的准备。”我想，这两天忙昏头了，思想准备？还真没准备。他说：“我给你讲三点。一，中、美、苏三国在也门都存在着政治势力和影响，一定要头脑清楚，站稳立场。二，搞好本职工作的同时，一定要注意和当地也门人搞好关系。三，注意身体，晚上不要打麻将，夜里12点前必须睡觉。出国后，要常与国内联系，祝你在也门工作顺利！”走出潘老的办公室我就想：也门也打麻将？他老人家怎么会知道的呢？我到了也门之后才知道真是打麻将，还是香港打法。

如今，潘老离我们而去已经有十五年了，和潘老接触的三件事情也过去了三十多年了，但潘老的音容笑貌仍然在我脑海里记忆犹新。由于遵循了潘老对我的嘱咐，在也门的工作顺利地通过了四个月的试工期，在两年合同期满之后又续签了两年合同，也门校方的校长还要求我继续留下来，这些都是得益于潘老的指点。不知潘老在天国过得可好，潘老，我想念您！

（任铁生：原后勤处工程师，2009年退休。）

我和潘老做邻居

王为玲

1962年四院合并后，于1964年在三段新建了一栋宿舍楼（我们称它为高干楼），学校分配我住进该楼一楼的合单，潘老住二楼，我便成了潘老的邻居。因潘老老伴患糖尿病，每天需按时注射胰岛素，为此我必须每天按时去他家给潘老老伴注射。常此往来，我与潘老接触较多，他家若有事，也找我去帮忙。在接触交往中，使我深深地感到潘老虽是知名专家、一级教授和学院院长，但在家中对家人对老伴却是无微不至的关怀与呵护，对老伴照顾周到。看到二老相濡以沫，我们年轻人都很羡慕，真是我们学习的榜样啊！

在“文革”期间，领导层和老专家都受到了冲击，潘老也不例外。有一天，红卫兵到潘老家抄家，温和的他没有任何反抗，不动怒，不发火。红卫兵走后，潘老把我叫到他家帮忙，我安慰他老伴，并把潘老扶到床上坐稳后，便帮忙整理房内被抄后凌乱的书籍、杂物等。潘老这时的表现特别平和，毫无怨言，表现出他对群众运动的正确认识。

潘老长期在高教战线工作，是一位兢兢业业、治学严谨、爱党爱国的知名教育家和社会活动家。他为人亲切和善、平易近人的作风，更使我终生难忘。潘老是一位值得尊敬的长者，我们永远怀念他。

（王为玲：原校医院主管护师，1992年退休。）

潘老修建的小花园我们来享受

王振武

丁字沽校区北院，进门就是一个美丽的小花园。这个花园是在恢复建校时，潘承孝院长建议修建的，他亲自参与设计、领导和修建等方面的工作。

这个花园面积不大，但非常精美、典雅。中间是一个小巧玲珑的喷泉，喷出清澈的水花，相当诱人。周围的区域布置紧凑，树木花草不仅种类繁多，而且还有别的花园少有的名贵品种。成群的鸟类在花园空中飞舞、鸣叫，更给花园增添了音乐的元素。

园中树木最大的特点是，大多都可结出丰硕的果实，有象征桃李满天下的桃、李子、柿子、黑枣、石榴、沙果、山楂、葡萄、银杏、梨等，足有十多个树种。到了秋天，硕果累累，五颜六色，很是喜人。各种松、柏也很齐全。春天来临，桃花、迎春花抢先开放，接着红、白色的丁香开满枝头，清香迷人。花朵硕大，皓白如玉的玉兰花也竞相开放，引来众多的摄影爱好者前来拍照。由于树木花草的繁盛，很多的鸟类前来栖息。成群的鸟儿，在高大的树木上筑巢、繁衍生息。布谷鸟按季节飞来鸣叫，叫声非常悦耳。头顶上长着不同样式的花冠，羽毛鲜艳的小鸟，在地上蹦蹦跳跳。就连不常见的猫头鹰，也多次光顾这个小花园。由于此园修建的很有特点，天津市园林局定为“花园式校园”并挂有方形牌匾。

在这优美的花园中，早晨有不少的同学前来早读，背诵外语，复习功课。离退休的教职工更是不放过这优美的环境，每天前来早锻炼，有的做操、打太极拳，有的快慢步行走。无论春夏秋冬，我和几位老同志每天都准时到园中活动，漫步在树木花草之间，到现在已经二十多年了。呼吸着早晨新鲜的空气，看着翠绿的树木，欣赏着鲜花，倾听着周围的小鸟欢呼雀跃，心情十分舒畅，精神格外振奋。每当在花园欣赏美景时，我们就回忆起潘老生前的音容笑貌，他为教育事业奉献一生的精神，时刻鼓舞着我们。

（王振武：原化工学院高级实验师，1999年退休。）

附录一

在庆祝执教六十五周年大会上的答谢词

潘承孝

各位领导，各位来宾，工学院全体同学和教职员工同志们：

你们好！

今天学院举办这样隆重的庆祝大会，祝贺我从教六十五周年，我的心情非常激动，这是党赋予我们从事教育工作的知识分子的巨大荣誉。我谨向党表示衷心感谢。

教育是立国之本，教书是光荣的事业也是辛苦的工作，我深有体会，所以我热爱教学工作。我从教六十五年，三十四年在河北工学院工作，可以说学校的成长、壮大、前途与我的思想感情早已融在一起了，我也衷心地热爱工学院。

河北工学院是一所历史悠久、有着光荣传统的高等院校。工学院成立于1903年，是我国工业高校中最早创办校办工厂的高校，也是首个明确“教学、科研、生产”三结合的教学方针的工科院校之一。

抗日战争期间，天津沦陷，工学院被迫停办，部分师生组织游击队在冀东抗击日寇，使日军遭到严重伤亡，获得党中央的褒奖。日本投降后工学院复原，在水利专家赵今声院长领导下，复校工作迅速就绪，并做了发展工作。这位九十岁高龄的老院长就坐在我的左边，让我们以热烈的鼓掌，欢迎他光临，以表示对这位老教育家的尊敬！

1951年夏，全国高等院校进行了院系大调整，天津北洋大学和天津河北工学院合并成立天津大学。1958年，在全国“大跃进”的形势下，河北省委提出恢复河北工学院，并指定天津大学丁仲文副校长为筹备主任。在天津大学和南开大学大力支持下为工学院配备了整套教学系统的骨干教师，使复校工作顺利进行，如期于1958年9月开学。今日天大、南大领导都来了，让我们热烈鼓掌，表示感谢。工学院复校已经三十四年了，在省委的领导和亲切关怀下，已是一所人才济济、成果累累、力量雄厚、大有可为的工业高等院校了。河北省委寄予殷切的希望，同意把我校改为河北工业大学，这对我们是极大的鼓舞和鞭策。我们应抓紧时机，上规模，上质量，尽快把我校办成一所有自己特点的高等学校。

同志们！我今年九十六岁了，身体尚健，还有余热可释，愿与全体师生员工一起，团结一道，为把我校办成一所国内一流的工业大学而努力奋斗！

谢谢！

1992年9月11日

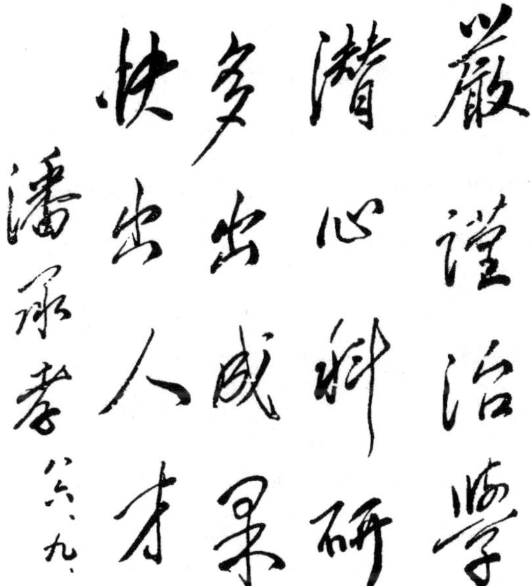

附录二

怀念魏元光院长

潘承孝

魏元光（字明初）院长是一位爱国的工业职业教育家，他热爱祖国的教育事业，鞠躬尽瘁，矢志不移。

1927年2月，我自美留学归国，返留天津时，接受了直隶公立工业专门学校的聘书，这是直隶省属的唯一高等工科学校，魏公任校长。但，当时军阀战争频仍，我在该校授课未及两个月，校舍被军队占用，学校被迫停课。嗣后，我去沈阳冯庸大学任教，与魏公相处时间很短，未得亲受教益，深以为憾也。

“九一八事变”后沈阳沦陷，我同东北大学师生到了北京，旋受聘北平大学工学院教授。此时，直隶工业专门学校已改称河北省立工业学院，魏公仍任院长，时有来往。他坚持学校与社会结合、理论与实践结合办好高等工科教育、利用学院附设实习工厂开展生产经营活动的主张和举措，使“工业学院”在短短的数年间，得以迅速发展，并树立起俭朴耐劳的优良学风，培养出来的学生，受到社会各界公认的好评。

1958年河北工学院重建时，我僭职院长，与魏院长不谋而合，主张树立优良学风，重视理论与实践结合，走教学、科研、生产三结合的路子。今天，河北工学院在中国共产党的正确领导下，已发展成为在校学生8000余人规模的河北省属重点综合性工科大学，堪以告慰。

明初院长安息九泉！

1993年9月

附录三

在百岁华诞庆贺大会上的答谢词

潘承孝

各位领导、各位来宾：

各位不远千里、不远万里，有的远渡重洋，来到天津为我祝寿，我感到非常的光荣。同志们这样的热情，都是白发苍苍的老同志，远道而来，为我祝贺，我心里非常感动。刚才我们河北工业大学的领导、我们民进的同志，特别是雷大姐（雷洁琼）今年九十高龄，亲自到天津来为我祝贺，我衷心地感谢。我们民进、学校、天津市、河北省的领导，都来参加祝贺，我觉得非常光荣，在此我表示深切地感谢！我老了，一切事情心有余而力不足了，剩下来的仅仅是很微弱的余热了，但是，我一定要跟着我们河北工大的全体师生，要把我的仅有的微弱的余热献给党，献给我们学校，一定要跟着大家在校党委的领导下，努力工作，把我的微弱余热贡献给学校，同大家一起把我们新更名的工大，尽快地办成河北的、全国的乃至国际的一流工业大学而共同努力。

我今年已任教七十个年头，但是我自己扪心自问，我七十个年头做了些什么，我觉得我所做的七十年的教育工作，仅仅做了一点一个教师应该做的工作。而党和人民、学校给予我这样的荣誉，我一方面觉得很光荣，一方面觉得自己很惭愧。不管怎样，过去的已经过去，现在的余热也很少了，不管什么时候，我一定要把我这微薄的余热，贡献给党，贡献给人民。

最后，恭祝我们领导同志和在座同志，身体健康，这是我们工作的基础。我们都要把健康当做基础，尽力的工作，把我们的余热贡献出来。祝同志们工作顺利，不甘就老，要永葆青春。

我的话说完了，谢谢大家的盛情。

1996年3月23日

后 记

在校领导的关心支持下，在离退休工作处的具体领导和组织下，《潘老的故事》一书与大家见面了。这是广大离退休老同志、在职职工和校友献给我校建校115周年和恢复重建河北工学院60周年的一份厚礼，是对河北工大优良传统和精神的极好传承，也是对我们敬爱的潘承孝老校长最好的纪念。

潘老是我校的一面旗帜，德高望重，堪称一代师表。老同志们在文章中记录的潘老一件件小事，都是对潘老的赞扬和怀念，也是对潘老重视基础理论建设、理论联系实际、爱岗敬业、艰苦奋斗的办校理念和精神的颂扬。并且老同志们每写一篇文章都是一次自我教育，都是一次思想的升华。

本书收录了62位作者的共64篇文章，共分“光耀教坛”“敦品励学”“为人师表”三个版块。老同志们对本书的编印表现出极大的热情和积极性，作者中大部分已是80岁以上的高龄老人，他们中一些人因年事已高，患有各种疾病，或因各种原因，如余仁荣同志身体有病，李牧老师一直照顾病重的老伴，难以自己动笔，他们就邀请编辑组同志去家中采访。冯其标同志是在医院陪护老伴时写成的稿件，郭恩弟老师的稿件也是在住院期间完成的。有的同志虽在外地居住，但都很及时写成稿件并寄来，这些老同志认真严谨的态度让人感动。

离退休工作处的各位同志对本书的编写给予了积极的支持和帮助，他们热情地接待作者，搜集整理稿件，尊重并热情照顾编辑组的同志。特别是康慧奇老师，他工作任务重，精心安排时间，整理组织打印稿件，联系作者，入户采访等，保证了工作进度。

编辑组的同志多已年逾古稀，大家以饱满的政治热情，认真讨论审阅稿件，对稿件中涉及的人物事件及个别词句认真查询推敲，力争无差错，确保事实准确真实。特别是86岁高龄的于锡三教授，充分利用他认识人多、联系面广、威信高、影响力大、记忆力好的优势，不辞幸苦地借运动会、体检等机会向老同志们约稿，并多次打电话了解作者的写作进度。90岁高龄的离休老干部周华珍同志（我校原党委副书记，后调任天津理工学院党委副书记）耳聋严重，和他交流十分困难，他的两篇稿件都是于锡三老师在与他大声喊话交流中完成的。稿件征齐后集中审改时，正值暑期，编辑组的同志们不顾酷热，按时参加，挥汗工作，保证了成书的进度。

在编辑过程中，吕硕颖、范敏同学利用业余时间和暑假期间录入打印稿件，不辞辛劳地工作，在此一并表示感谢。

潘老的女儿、南开大学潘家齐教授为本书提供了大量潘老的珍贵资料，南开大学老干部处周德喜处长为我们采访潘教授给予了热情积极地帮助，在此表示深深谢意。

由于我们水平有限，书中不当不妥之处难免，敬请大家批评指正。

编者

2018年9月